JESUS E OS ESSÊNIOS

JESUS E OS ESSÊNIOS

O ENSINAMENTO SECRETO DE JESUS

EDOUARD SCHURÉ

TRADUÇÃO E APRESENTAÇÃO

Diamantino Fernandes Trindade

(Tradução da edição espanhola de 1931)

2014 Ayom

Editora
Vivian Lerner

Tradução
Diamantino Fernandes Trindade

Revisão
Sérgio Mendes

Projeto Gráfico e Diagramação
William Oliveira

Capa
Batismo de Jesus - 1481/1483 Pietro Perugino

Dados Internacionais de Catalogação na Publicação (CIP)
(Câmara Brasileira do Livro, SP, Brasil)

Schuré, Édouard, 1841-1929.
　Jesus e os essênios : o ensinamento secreto de Jesus / Édouard Schuré ; tradução e apresentação Diamantino Fernandes Trindade. -- São Paulo : Ayom, 2014.

Título original: Jesus y los esenios : la secreta enseñanza de Jesús.
ISBN 978-85-67977-00-3

1. Jesus Cristo - Ensinamentos 2. Jesus Cristo - Miscelânea I. Título.

14-09190　　　　　　　　　　　　　　　　CDD-232.954

Índices para catálogo sistemático:
　1. Jesus Cristo : Ensinamentos : Cristologia
　　　232.954

SUMÁRIO

Apresentação..9

Capítulo I
O Cristo Cósmico..11

Capítulo II
O Mestre Jesus:
suas origens e desenvolvimento..23

Capítulo III
Permanência de Jesus com os Essênios:
o batismo do Jordão e a encarnação de Cristo..........................33

Capítulo IV
Renovação dos Mistérios Antigos pela vinda do Cristo:
Da tentação à transfiguração..49

Capítulo V
A tentação de Cristo..53

Capítulo VI
Primeiro grau de iniciação:
Preparação; O sermão da montanha e o Reino de Deus..........57

Capítulo VII
Segundo grau de iniciação:
Purificação; Curas milagrosas - A Terapêutica Cristã...............63

Capítulo VIII
Terceiro grau de iniciação:
Iluminação; A Ressurreição de Lázaro..65

Capítulo IX
Quarto grau de iniciação:
Visão Suprema - A Transfiguração..73

Capítulo X
Renovação dos Mistérios:
Paixão, Morte e Ressurreição de Cristo......................................77

Edouard Schuré
Fonte: http://commons.wikimedia.org

Cristo Coroado (Lucas Cranach)

APRESENTAÇÃO

Jesus e os Essênios (O Ensinamento Secreto de Jesus) não é um título que se encontra nas obras originais de Schuré. Este compêndio de ensinamentos não se trata de uma adulteração dos ensinamentos do autor, oferecida de forma irresponsável no mercado editorial. O presente texto faz parte do livro VIII da obra póstuma de Edouard Schuré "A Evolução Divina", em que sobressai a inspiração e profundidade do poeta vidente, amadurecidas pelo contato com o gênio de Rudolf Steiner.

Os novos tempos já chegaram: a simbologia cede lugar à síntese ética, ao ocultismo que poderíamos chamar de ocultismo da mente. A plenitude inspirativa do célebre autor de "Os Grandes Iniciados" aparece aqui abundante. Schuré intuiu determinadas sutilezas vivas, revendo cenas cheias de ternura e mesclando cândidas visões com evocações profundas.

Edouard Schuré nasceu em 21 de janeiro de 1841, em Estrasburgo, e faleceu em 7 de abril de 1929, em Paris. Foi filósofo, poeta, dramaturgo, romancista e crítico de música. Os Grandes Iniciados é considerada sua obra-prima, na qual descreve o caminho seguido por alguns dos antigos pensadores - Rama, Krishna,

Hermes, Moisés, Orfeu, Pitágoras, Buda, Platão e Jesus - em busca de conhecimento esotérico profundo, por vezes chamado de iniciação. Nesta obra, aborda a História Oculta das Religiões, as chamadas Doutrinas Secretas, as mensagens mais profundas dos iniciados, profetas e reformadores do conhecimento humano.

A obra de Schuré foi lembrada por várias décadas do século XX no Brasil, sobretudo por personalidades que defenderam uma aproximação entre Ciência, Filosofia, Arte e Religião, ou mesmo a recuperação de uma unidade que teria sido perdida.

Parabéns, prezado leitor! Você está de posse de uma portentosa obra da literatura mundial.

Boa leitura!

Diamantino Fernandes Trindade[1]

---

[1] *Pós-Doutor em Educação pelo GEPI-PUC-SP (Grupo de Estudos e Pesquisa em Interdisciplinaridade). Doutor em Educação pela PUC-SP. Mestre em Educação pela Universidade Cidade de São Paulo. Master Science in Education Science pela City University Los Angeles. Ex-Gerente Acadêmico de Formação Básica e Professor de Epistemologia do Ensino e História da Ciência do Instituto Federal de Educação, Ciência e Tecnologia de São Paulo de São Paulo. Pesquisador do GEPI. Pós-Doutor em Educação pelo GEPI-PUC-SP (Grupo de Estudos e Pesquisa em Interdisciplinaridade). Doutor em Educação pela PUC-SP. Mestre em Educação pela Universidade Cidade de São Paulo. Master Science in Education Science pela City University Los Angeles. Ex-Gerente Acadêmico de Formação Básica e Professor de Epistemologia do Ensino e História da Ciência do Instituto Federal de Educação, Ciência e Tecnologia de São Paulo de São Paulo. Pesquisador do GEPI.*

CAPÍTULO I

O CRISTO CÓSMICO

Chegamos a um ponto da evolução humana e divina em que é necessário recordar o passado para compreender o porvir. Porque, hoje, o influxo do superior e o esforço do inferior convergem em uma fusão luminosa, que projeta seus raios, retrocedendo sobre o passado imemorial e avançando até o futuro infinito.

O advento de Cristo significa o ponto central, a incandescente pira da história. Assinala uma troca de orientação e de lugar, um impulso novo e prodigioso. É surpreendente que apareça aos intransigentes materialistas como um desvio funesto e aos crentes simples como um golpe teatral que anula o passado para reconstruir e fortalecer o mundo!

Na verdade, os primeiros são vítimas de sua cegueira espiritual e seus horizontes estreitos. Se, de um lado, a manifestação de Cristo por meio do mestre Jesus é um feito de incalculável significado, por outro, foi incubada por toda a evolução precedente. Uma trama de fios invisíveis reuniu-a a todo o passado de nosso planeta. Esta emanação provém do coração de Deus para chegar até o coração do ser humano e recordar à Terra, filha do Sol, e ao homem, filho dos deuses, sua origem celeste.

Tratemos de elucidar, em poucas palavras, este mistério. A Terra com seus reinos, a humanidade com suas raças, as potestades espirituais com suas hierarquias que se prolongam até o Insondável, evoluíram pelo mesmo impulso, com movimento simultâneo e contínuo.

Céu, Terra e homem caminham unidos. O único modo de seguir o sentido de sua evolução consiste em penetrar, com um olhar geral, estas três esferas em sua tarefa comum e considerá-las como um todo orgânico e indissolúvel.

Feitas essas considerações, contemplemos o estado do mundo à época do nascimento de Cristo e concentremos nossa atenção sobre as raças que representam, naquele momento, a vanguarda humana: a greco-latina e a judaica.

Do ponto de vista espiritual, a transformação da humanidade da Atlântida à era cristã oferece-nos o espetáculo duplo de um atraso e de um progresso. De um lado, a diminuição gradual da clarividência e da comunhão direta com as forças da natureza e as potestades cósmicas.

De outro, o ativo desenvolvimento da razão e da inteligência, que segue a conquista material do mundo pelo homem.

Nos centros de iniciação e nos locais onde se manifestam os oráculos, uma seleção contínua, sem dificuldades, cultivando a clarividência e dali emanando todos os movimentos religiosos e todos os grandes impulsos civilizadores. Mas a clarividência e as faculdades divinatórias diminuem na grande massa humana.

Esta transformação espiritual e intelectual do homem, cada vez mais atraído pelo plano físico, corresponde a uma paralela transformação de seu organismo. Quanto mais remontamos ao passado pré-histórico, mais fluido e leve é seu envoltório, mas que brevemente se solidificará. Simultaneamente, o corpo etéreo, que superava antes o corpo físico, é absorvido paulatinamente por este até converter-se na sua duplicação exata.

Seu corpo astral, sua aura radiante, que anteriormente se projetava a certa distância, como uma atmosfera servindo a suas percepções hiperfísicas, a sua relação com os deuses, concentra-se também em torno de seu corpo até que não seja mais do que uma grande nuvem, que sua vida satura e que dá cor a suas paixões. Esta transformação segue-se por milhares e milhares de anos.

Prolonga-se até a segunda metade do período atlante e a todas as civilizações da Ásia, do Norte da África e da Europa, das quais emanaram indos, persas, caldeus, egípcios, gregos e os povos do Norte da Europa.

Esta involução das forças cósmicas no homem físico foi indispensável para seu complemento e seu aperfeiçoamento intelectual. A Grécia representa o derradeiro estágio desta descida do Espírito na matéria. Nela, a fusão é perfeita. Sintetiza uma expansão maravilhosa da beleza física em um equilíbrio intelectual. Mas este templo diáfano, habitado por homens semidivinos, ergue-se à beira de um precipício onde pululam os monstros do Tártaro[2]. Momento crítico. Como nada se detém e é forçoso avançar ou retroceder, a humanidade não podia aceitar menos, ao chegar a este ponto, que afundar-se na depravação e na bestialidade, ou remontar ao topo do Espírito, com redobrada consciência. A decadência grega e, sobretudo a orgia imperial de Roma, apresenta o espetáculo, simultaneamente repugnante e grandioso, deste mergulho do homem antigo na libertinagem e na crueldade, inexorável fim de todos os grandes movimentos da história[3].

"A Grécia - disse Rudolf Steiner[4] - realizou sua obra esgarçando gradualmente o véu que cobria sua antiga vidência. A raça greco-latina, com sua rápida decadência, assinala o mais fundo descenso do espírito na matéria, no curso da evolução humana. A conquista do mundo material e o desenvolvimento

---

2 *Na mitologia grega, Tártaro era a personificação do Inferno. Nele estavam as cavernas e grutas mais profundas e os cantos mais terríveis do reino de Hades, o mundo dos mortos, para onde todos os inimigos do Olimpo eram enviados e onde eram castigados por seus crimes (N.T.).*
3 *Ver a descrição que faço no inicio de "Vida de Jesus" na minha obra "Os Grandes Iniciados".*
4 *Rudolf Steiner nasceu em Kraljevec, fronteira austro-húngara, em 27 de Fevereiro de 1861 e faleceu em Dornach, Suíça, em 30 de Março de 1925. Foi filósofo, educador, artista e esoterista. Foi fundador da Antroposofia, da Pedagogia Waldorf, da agricultura biodinâmica, da medicina antroposófica e da euritimia (forma de arte executada por solistas e grupos como parte de teatro, cujo objetivo é tornar visíveis as expressões da fala ou música, além disso, tem uma aplicação importante no campo terapêutico, como parte de tratamentos naturais); esta terapia foi desenvolvida por Rudolf Steiner e sua esposa, Marie Steiner-von Sivers (N.T.).*

das ciências positivas foram alcançados a este altíssimo preço.

Como a vida póstuma da alma encontra-se condicionada por sua vida terrestre, os homens vulgares apenas se superavam após sua morte. Levavam consigo uma porção de seus véus, e sua existência astral emparelhava-se à vida das sombras.

É a isto que se refere Homero quando fala da queixa da alma de Aquiles: "É preferível ser mendigo na terra que rei no país das sombras".

A missão conferida à humanidade pós-atlante deveria forçosamente alijá-la do mundo espiritual. É lei do Cosmos que a grandeza de uma parte é à custa, durante um tempo, da decadência de outra."[5]

Era necessária uma formidável transformação da humanidade, uma ascensão aos píncaros da alma para o cumprimento de seus destinos. Mas, para isto, era necessária uma nova religião, mais pujante que todas as anteriores, capaz de comover as massas em estado de letargia e levar o ser humano até suas recônditas profundezas. As revelações anteriores da raça branca haviam sido inteiramente nos mundos astral e etéreo e dali atuavam poderosamente sobre o homem e a civilização.

O Cristianismo, proveniente de muito longe e descido das alturas através de todas as esferas, deve-

---
5 *A Ciência Oculta*, de Rudolf Steiner.

ria manifestar-se no mundo físico para transfigurá-lo, espiritualizando-o, e oferecer ao individuo e à coletividade a imediata consciência de sua origem celeste e de seu objetivo divino.

Não existem, pois, somente razões de ordem moral e social, e sim razões cosmológicas que justificam o aparecimento do Cristo na Terra. Em certas ocasiões, em pleno Atlântico, quando um vento baixo atravessa o céu tempestuoso, vê-se, em determinado lugar, a condensação das nuvens de forma afunilada que descem inclinadas sobre o oceano. Simultaneamente, crescem as ondas como um cone indo ao encontro da nuvem.

Parece que toda a massa líquida aflui a este torvelinho para retorcer-se e erguer-se com ele. Subitamente, as extremidades atraem-se e confundem-se como duas bocas...

Forma-se a tromba! O vento atrai o mar e o mar absorve o vento. Vórtice de ar e água, coluna viva, que avança vertiginosamente sobre as ondas em convulsão, juntando, por um instante, terra e céu.

O fenômeno do Cristo que desceu do mundo espiritual ao mundo físico através dos planos astral e etéreo, é semelhante a um fenômeno marinho. Em ambos os casos, as potestades do céu e da terra juntam-se e colaboram em uma função suprema.

Mas, formando-se uma tromba em poucos minutos na violência do furacão e das correntes elétricas, a descida de Cristo à terra exigiu milhares de anos, remontando sua causa primeira aos arcanos de nosso sistema planetário. Nesta metáfora que procura definir por meio de uma imagem o papel do Cristo cósmico em nossa humanidade, a raça judaica representa a contraparte terrestre, exotérica e visível. É a porção inferior da tromba que é atraída pelo torvelinho do alto. Com sua intolerância, sua ideia fixa, obstinada, escandaliza as nações como a tromba escandaliza as ondas. A ideia monoteísta difunde-se entre os patriarcas.

Moisés vale-se dela para amansar uma nação. Como o simum[6] levanta uma coluna de pó, junta Moisés os ibrimos e beduínos errantes para formar o povo de Israel. Iniciado no Egito, protegido por um Elohim que chama de Javé, impõe-se por palavra, armas e fogo. Um Deus, uma Lei, uma Arca, um povo para fazê-la avançar durante quarenta anos através do deserto, suportando fomes e revoltas, a caminho da terra prometida.

Desta ideia, potente como a coluna de fogo que precede ao tabernáculo, saiu o povo de Israel com suas doze tribos, que correspondem aos doze signos do Zodíaco. Israel manterá intacta a ideia monoteísta, apesar dos crimes de seus reis e os assaltos dos povos idólatras. E nesta ideia enxerta-se, desde a origem, a ideia messiânica. Moisés moribundo anunciou o Salvador final, rei de justiça, profeta e purificador do universo. De século em século, proclama-o a voz

---

6 *Vento muito quente que sopra nos desertos da África e da Arábia, geralmente acompanhado de tempestades de areia (N. T.).*

infatigável dos profetas, desde o desterro babilônico até o férreo jugo romano. Sob o reinado de Herodes, o povo judeu assemelha-se a uma nave em perigo, cuja tripulação enlouquecida acendera o mastro como se fora um farol que os guiasse entre os penhascos.

Porque, neste momento, Israel apresenta o espetáculo, desconcertante e inaudito, de um povo pisoteado pelo destino e que, esmagado, espera salvar-se mediante a encarnação de um Deus. Israel devia naufragar, mas Deus encarnou. O que representa, neste caso, a trama complexa da Providência, da liberdade humana e do Destino? O povo judeu personifica e encarna, de certo modo, o clamor do mundo pela vinda de Cristo.

Nele, a liberdade humana, obstada pelo Destino, ou seja, pelas faltas do passado, clama pela Providência para conseguir sua salvação. Porque as grandes religiões refletiram esta predisposição como em um espelho. Nada se consegue no sentido de concretizar uma ideia definida do Messias, mas os iniciados a haviam pressentido e anunciado muito tempo antes.

Respondeu Jesus aos fariseus que o interrogavam sobre sua missão: "Antes de Abraão, eu existia". Aos apóstolos, temerosos de sua morte, dizia estas surpreendentes palavras, jamais pronunciadas por profeta algum e que pareceriam ridículas em lábios que não fossem os seus: "Passarão céu e terra, mas minhas palavras não passarão". Ou são tais conceitos divagações de um alienado ou, ao contrário, possuem um transcendente significado cosmológico. Para a tradição oficial eclesiástica, Cristo, segunda pessoa da Trindade, abandonou o seio do Pai apenas para encarnar na Virgem Maria. Para a tradição esotérica, Cristo também é uma entidade sobre-humana, um Deus no amplo sentido da palavra, a mais alta manifestação espiritual conhecida pela humanidade. Mas como todos os Deuses, Verbos do Eterno, dos Arcanjos aos Tronos, atravessa uma evolução que dura toda a vida planetária e, por ser a sua única entre as Potestades manifestadas por completo em uma encarnação humana, resulta de especial natureza.

Para conhecer sua origem, é necessário recuperar a história das raças humanas desde a constituição do planeta, desde o primeiro estremecimento de luz na nossa nebulosa. Porque, segundo a tradição rosacrucianista, o espírito que falou ao mundo sob o nome do Cristo e pela boca do mestre Jesus, acha-se unido ao Sol, astro-rei de nosso sistema.

As potestades cósmicas elaboraram nosso mundo sob a única direção de acordo com uma sapiente hierarquia. Planejados no plano espiritual, tipos e elementos, almas e corpos, refletem-se no mundo astral, vitalizam-se no etéreo e condensam-se na matéria.

Cada planeta é obra de ordem distinta de potestades criadoras, que engendram outras formas de vida. Cada imensa potestade cósmica, ou seja, cada grande Deus tem por séquito legiões de espíritos, que são seus inteligentes obreiros. A tradição esotérica do Ocidente considera Cristo como o rei dos gênios solares. No instante em que a Terra separou-se do Sol, os sublimes espíritos chamados de Virtudes pela tradição latina, Espíritos da Forma, por Rudolf Steiner, retiraram-se para o astro luminoso que acabava de projetar seu núcleo opaco. Eram de uma natureza muito sutil para permanecer na densa atmosfera terrestre em que os Arcanjos deveriam resistir.

Mas, concentrados em torno da aura solar, atuaram dali com muito mais poder sobre a Terra, fecundando-a com seus raios e revestindo-a com seu manto verdejante. Cristo, regente destas potestades espirituais, poderia intitular-se Arcanjo solar. Abrigado por elas, permaneceu muito tempo ignorado pelos homens, sob seu véu de luz.

A grande Terra sofreu o influxo de outro Deus, cujas legiões encontravam-se então centralizadas no planeta Vênus. Esta potestade cósmica era chamada de Lúcifer, o Arcanjo rebelde, segundo a tradição judaico-cristã, que precipitou o avanço da alma humana rumo à conquista da matéria, identificando o ego com o mais denso de seu envoltório.

Ele foi o causador indireto do mal, mas também o propulsor da paixão e do entusiasmo, esta divina fulguração no homem através dos tumultos do sangue. Sem ele, ficaríamos carentes de razão e faltaria ao espírito o trampolim para saltar aos astros.

A influência dos espíritos luciferianos predomina durante o período lemuriano e atlante, mas, desde o início do período ariano, fica patente a influência espiritual que emana da aura solar que aumenta de tempos em tempos, de raça em raça, de religião em religião. Assim, paulatinamente, Cristo aproxima-se do mundo terrestre por meio de uma emanação progressiva.

Esta lenta e profunda incubação assemelha-se, no plano espiritual, ao que, no plano material seria a aparição de um astro proveniente do cosmos profundo, cujo disco aumentasse progressivamente à medida que se aproxima.

Indra, Osíris e Apolo elevam-se sobre Índia, Egito e Grécia como precursores de Cristo; brilha através desses Deuses solares como lume branco por trás dos vitrais vermelhos, amarelos ou azuis das catedrais e aparece periodicamente aos poucos iniciados, como de vez em quando sobre o Nilo, perfurando os róseos resplendores do Sol poente, que se prolongam até o zênite[7], declina uma distante estrelinha. Já resplandece para a aguda visão de Zoroastro, sob a figura de Ahura-Mazda[8], como um Deus revestido com o esplendor do Sol. Chameja para Moisés na sarça[9] ardente e fulgura qual raio através de todos os Elohim[10] no meio dos relâmpagos do Sinai. Ei-lo aqui

---

7 *Ponto superior da esfera celeste, segundo a perspectiva de um observador estacionado em um plano sobre a Terra, o exato ponto acima de sua cabeça projetado na abóbada celeste, ou a interseção da vertical superior do lugar com a esfera celeste (N.T.).*
8 *Significa "Senhor Sábio", a quem se credita o papel de criador e guia absoluto do universo (N.T.).*
9 *Planta espinhosa da família das fabáceas, gênero Acácia, o mesmo das árvores conhecidas genericamente no Brasil pelo vernáculo jurema (N. T.).*
10 *Palavra hebraica utilizada designar divindades e poderes celestiais (N. T.).*

convertido em Adonai, o Senhor, anunciando assim sua próxima vinda.

Mas isto não era o bastante. Para arrancar a humanidade da opressão da matéria em que se achava submersa desde seu descenso, era necessário que este Espírito sublime encarnasse em um homem, que o Verbo solar descesse em um corpo humano, que fosse visto andar e respirar sobre a terra.

Para encaminhar os homens na vereda de suas altitudes espirituais e mostrar-lhes seu celeste objetivo, se fazia necessária a manifestação do divino Arquétipo no plano físico. Era preciso que triunfasse sobre o mal pelo Amor infinito e sobre morte pela esplendorosa ressurreição. Que surgisse intacto, transfigurado e mais majestoso, mesmo do abismo em que havia submergido.

O redator do Evangelho segundo São João pôde dizer em um sentido ao mesmo tempo literal e transcendente: "O Verbo foi feito carne e habitou entre nós e vimos sua glória, cheia de graça e de verdade".

Esta é a razão cósmica da encarnação do Verbo solar. Acabamos de perceber a necessidade de sua manifestação terrestre, do ponto de vista da evolução divina. Vejamos agora como a evolução humana prepara um instrumento digno para recebê-lo.

CAPÍTULO II

O MESTRE JESUS

SUAS ORIGENS E DESENVOLVIMENTO

Uma questão prévia aparece a quem queira evocar, em nossos dias, o verdadeiro Jesus: a do valor relativo dos quatro evangelhos.

Todos que tenham penetrado através da meditação e da intuição a intrínseca verdade de tais testemunhos de caráter único tentarão a resposta a todas as objeções feitas pela crítica sobre a autenticidade dos Evangelhos, valendo-se de uma palavra de Goethe. Já no fim de sua vida, disse-lhe um amigo:

- Segundo as investigações, o Evangelho de São João não é autêntico.

- E o que é autêntico? - respondeu o autor de Fausto - senão o eternamente belo e verdadeiro?

Mediante tão soberbo conceito, o velho poeta, mais sábio que todos os pensadores de sua época, colocava em seu respectivo lugar as toscas construções da escola crítica e puramente documental, cuja presunçosa feiura chegou a ocultar aos nossos olhos a Verdade da Vida. Sejamos mais precisos. Admite-se que os Evangelhos gregos foram escritos muito tempo depois da morte de Jesus, baseados nas tradições judaicas que remontavam diretamente aos discípulos e testemunhas oculares da vida do Mestre.

Contenham ou não certas contradições de detalhe e ainda que nos apresentem o profeta da Galileia sob duas visões opostas, no que se fundamenta, para nós, a verdade e autenticidade de tais escrituras? Na antiguidade de sua redação? No acúmulo de comentários reunidos sobre eles?

Não. Sua força e sua veracidade residem na vívida unidade da pessoa e da doutrina que deles emanam, possuindo por contraprova o feito de que tal palavra mudou a face do mundo e a possibilidade da nova vida que pode ainda evocar em cada um de nós. Esta é a soberana prova da realidade histórica de Jesus de Nazaré e da autenticidade dos Evangelhos.

O resto é acessório. Enquanto outros, como David Strauss, imitado por alguns teósofos, que intentam persuadir-nos de que Cristo é um simples mito, "uma imensa balela histórica", seu grotesco pedantismo exige-nos mais cega fé que a dos mais fanáticos crentes. Como bem disse Rousseau, se os pescadores da Galileia, os escribas de Jerusalém e os filósofos neoplatônicos de Éfeso tivessem fabricado por inteiro a figura de Jesus Cristo que venceu o mundo antigo e conquistou a humanidade moderna, resultaria um milagre mais ilógico e de mais difícil compreensão que todos os realizados por Cristo. Para o ocultismo contemporâneo, como para os iniciados de todos os tempos, são feitos conhecidos e perceptíveis, se bem que alçados por Ele a sua máxima potência.

Estes milagres materiais eram necessários para persuadir os contemporâneos de Jesus. O que ante nós se impõe, mesmo hoje, com não menos invencível poderio, é a figura preponderante, é a incomparável grandeza espiritual deste mesmo Jesus que ressurge dos Evangelhos e da consciência humana, cada vez mais cheio de vida. Afirmemos, pois, com Rudolf Steiner: "A crítica moderna sobre os Evangelhos não nos elucida mais que a contraparte externa e material de tais documentos. Mas nada nos traz sobre sua essência. Uma personalidade tão vasta como a de Cristo, não poderia tê-la abarcada em apenas um de seus discípulos.

Deveria revelar-se a cada um segundo suas faculdades, através de um aspecto distinto de sua natureza. Suponhamos que temos a fotografia de apenas um lado de uma árvore. Não teríamos mais que uma imagem parcial. Suponhamos, então, que a fotografássemos de quatro lados diferentes. Teríamos então uma imagem completa." O mesmo ocorre com os Evangelhos. Cada um deles corresponde a um grau distinto de iniciação e apresenta-nos diversamente a natureza de Jesus Cristo.

Mateus e Lucas descrevem-nos a natureza humana do fundador do cristianismo. Marcos e João sugerem, acima de tudo, sua natureza espiritual e divina. Mateus observa o mestre Jesus sob o ponto de vista físico. Oferece-nos os mais preciosos documentos por que respeita as generalizações que lhe precederam e suas relações atávicas com o povo de Israel. Lucas, o evangelista mais poético e mais imaginativo, relata a vida íntima do Mestre. Via o reflexo de seu eu no seu corpo astral. Descreve, em comoventes imagens, o poder de amor e de sacrifício que seu coração derramava. Marcos corresponde à aura magnética que rodeia Cristo, cujos raios prolongam-se até o mundo do espírito. Ele nos mostra, sobretudo, sua força milagrosa de terapeuta, sua majestade e poder. João é, por excelência, o Evangelho metafórico. Seu objetivo é revelar o divino espírito de Cristo. Menos preciso que Marcos e Mateus, mais abstrato que Lucas, carece, ao contrário deste último, das incisivas visões que refletem os feitos do mundo astral.

Mas ouve o verbo interior e primordial, a palavra criadora que vibra em cada modulação e em toda a vida de Cristo, proclamando o Evangelho do Espírito. Os quatro evangelistas representam, pois, os inspirados e os clarividentes de Cristo, ainda que cada um o seja segundo seus limites e através de sua esfera."[11]

A diversidade e a unidade de inspiração dos Evangelhos, que se complementam e entrelaçam como as quatro etapas da vida humana, nos demonstram seu valor relativo. Relacionando cada um com o que representa, consegue-se penetrar pouco a pouco na elevada pessoa de Jesus Cristo, que beira, em sua fase humana,

---

[11] *Esta classificação dos Evangelhos e de sua peculiar de compreensão é um resumo de diversas conferências do Dr. Rudolf Steiner. Pode-se achar sobre ela um breve esboço na forma de nota na minha obra "Os Grandes Iniciados". Esses vislumbres espontâneos recebem aqui a luminosa confirmação da ciência de um pensador e vidente de primeira ordem. É prazeroso para mim manifestar, por meio destas linhas, minha fervorosa gratidão a três distintos teósofos suiços: Sr. Oscar Grosheinz, de Berna; Sra. Grosheinz-Laval e Sr. Hahn, de Basileia que me proporcionaram preciosas informações sobre algumas conferências do Dr. Steiner.*

a evolução particular do povo judeu e em sua divina fase, toda a evolução planetária.[12]

Remontando a ascendência de Jesus até David e Abraão, o Evangelho de Mateus mostra-nos sua descendência dos eleitos da raça de Judá. Seu corpo físico é a flor suprema daquele povo. Eis o que é necessário desta árvore genealógica. Fisicamente, o Mestre Jesus devia ser o produto de uma ampla seleção, a filtração de toda uma raça.

Mas, além do atavismo do corpo, existe o da alma. Todo ego humano passou por numerosas encarnações precedentes. As dos iniciados são de modalidade especial, de exceção e proporção relacionada a seu grau evolutivo. Os nabi, profetas judeus, eram consagrados a Deus, via de regra, por suas mães, e recebiam o nome de Emanuel, ou Deus em si mesmo. Significava que seriam inspirados pelo Espírito.

Aqueles meninos frequentavam um colégio destinado aos profetas e logo faziam votos para consagrar-se à vida ascética no deserto. Chamavam-se Nazarenos, porque deixavam crescer seus cabelos.

Os chamados na Índia de Bodisatvas têm muitos pontos semelhantes (levando em conta todas as diferenças de raça e de religião) com os profetas hebreus que tinham o nome de Emanuel. Eram seres cuja alma espiritual (Bodhi) encontrava-se suficiente-

---

[12] *Remeto o leitor ao livro "Os Grandes Iniciados", no qual se faz referência ao primordial desenvolvimento de Jesus e a expansão de sua consciência.*

mente desenvolvida para relacionar-se com o mundo divino durante sua encarnação. Um Buda era para os indianos um Bodisatva que havia conseguido a perfeição moral em sua última encarnação. Esta perfeição supunha uma completa penetração do corpo pela alma espiritual.

Depois de tal manifestação, que exerce sobre a humanidade uma influência regeneradora e purificadora, um Buda não precisa reencarnar outra vez. Entra na glória do Nirvana ou da Não-ilusão e permanece no mundo divino, de onde continua influenciando a humanidade.

Cristo é mais que Bodisatva e mais que Buda. É uma potestade cósmica, o eleito dos Devas, o mesmo Verbo solar que não toma corpo mais que uma vez para dar à humanidade seu mais poderoso impulso.

Um espírito de tal envergadura não poderia encarnar no seio de uma mulher ou no corpo de um menino. Este deus não podia continuar, como são obrigados os demais homens, mesmo os mais elevados, o estreito círculo da evolução animal, que se reproduz na gestação do menino por meio da mãe. Não podia sofrer a inevitável lei de toda encarnação, o temporário eclipse da consciência divina.

Um Cristo, diretamente encarnado no seio de uma mulher, mataria a mãe como matou Júpiter a Sêmele, mãe do segundo Dionísio. Necessitava um corpo adulto para encarnar, desenvolvido por uma raça forte até um grau de perfeição e de pureza digno do

Arquétipo humano, do Adão primitivo, modelado pelos Elohim na luz incriada na origem do nosso mundo.

Este corpo, eleito entre todos, foi outorgado à pessoa do Mestre Jesus, filho de Maria. Porém, era realmente necessário que, desde seu nascimento até a idade de trinta anos, época em que Cristo devia tomar posse de seu tabernáculo humano, fosse o corpo do Mestre Jesus temperado e afinado por um iniciado de primeira ordem. Deste modo, um homem quase divino oferecia seu corpo em holocausto, como vaso sagrado, para receber Deus feito homem.

Quem é o grande profeta, ilustre entre os religiosos venturosos da humanidade, que foi incumbido desta terrível tarefa? Os evangelistas não o dizem. Mas o Evangelho de Mateus indica-o claramente, fazendo com se pressinta através da mais sugestiva de suas lendas.

O divino infante nasceu na noite embalsamada e plácida de Belém. Pesa o silêncio sobre os negros montes de Judá. Só os pastores ouvem as vozes angélicas que descem do Céu, repleto de estrelas.

Dorme o Menino em sua manjedoura. Sua mãe, extasiada, cobiça-o com os olhos. Quando a criança abre os seus, Maria sente sua profundidade até a medula, como lâmina penetrada por este raio solar que a interroga com espanto. A pobre alma surpreendida, vinda de longe, concentra-se no ambiente com um olhar tímido, mas encontra outra vez seu céu perdido nas pupilas vibrantes de sua mãe. O menino dorme de novo, profundamente. O evangelista que relata esta cena vê algo mais. Vê as forças espirituais concentradas sobre este grupo na profundidade do espaço e do tempo, condensando-se, para ele, em um quadro cheio de majestade e de doçura.

Chegados do longínquo Oriente, três magos atravessam o deserto e encaminham-se a Belém. Paira a estrela sobre o estábulo em que dormita o menino Jesus. Então, os reis magos, cheios de júbilo, prostram-se ante o recém-nascido para adorá-lo e ofertar-lhe a homenagem de ouro, incenso e mirra, símbolos de sabedoria, compaixão e força de vontade.

Qual o significado desta visão? Eram os magos discípulos de Zoroastro, considerando-o como seu rei? Chamavam-se a si mesmos reis porque sabiam ler o Céu e influenciar os homens.

Uma antiga tradição circulava entre eles: seu Mestre deveria reaparecer no mundo sob o nome de Salvador (Sociosch) e restabelecer o reinado de Ormuz. Durante séculos, os iniciados do Oriente sustentaram esta profecia de um Messias, que finalmente se cumpriu.

O evangelista que nos relata esta cena traduz, na linguagem dos adeptos, que os Magos do Oriente deram as boas-vindas ao infante de Belém, a uma reencarnação de Zoroastro.

Estas são as leis da evolução divina e da psicologia transcendente, é a filiação das mais elevadas individualidades, é o poder que tece, com as grandes almas, linhas imensas sobre a trama da história.

O mesmo profeta que anunciara ao mundo o verbo solar sob o nome de Ahura-Mazda desde o topo do monte Albordj[13] e nas planícies do Irã deveria renascer na Palestina, para encarná-lo em todo seu esplendor! Por maior que seja um iniciado, sua consciência obnubila-se quando encarna no véu da carne. Vê-se forçado a reconquistar seu eu superior na sua vida terrena, magnificando-a com novos esforços.

A família protegeu a infância e a adolescência de Jesus, simples e piedosa. Sua alma, desdobrada sobre si mesma, não encontrou empecilhos para sua expansão, como os lírios silvestres entre as ervas da Galileia. Abria sobre o mundo um olhar claro, mas sua vida interior permanecia hermeticamente fechada. Não sabia quem era nem o que o esperava.

Mas, tal como às vezes a paisagem agreste ilumina-se com repentinas claridades, assim clareava-se sua alma com visões intermitentes. "Um dia, nas montanhas azuis da Galileia, extasiado entre os lírios brancos de coloração violácea que crescem entre matas altíssimas, de grandeza humana, viu chegar até ele, do espaço profundo, uma estrela maravilhosa.

Quando se aproximou, converteu-se em um grande Sol, em cujo centro sobressaía uma figura

---

[13] *Montanha sagrada dos antigos persas (N.T.).*

humana, fulgurante e imensa. Ela reunia a majestade do Rei dos Reis com a doçura da Mulher Eterna, porque era Varão por fora e Mulher por dentro.[14]

E o adolescente, recostado na grama alta, sentiu-se como que suspenso no espaço pela atração daquele astro. Ao despertar de seu sonho, sentiu-se leve como uma pluma. O que era aquela prodigiosa visão que frequentemente lhe aparecia. Assemelhava-se às descritas pelos profetas, mas, sem dúvida, era distinta. Não as comentava com ninguém, mas sabia que continham seu destino anterior e seu porvir.

Jesus de Nazaré era desses adolescentes que apenas se desenvolvem interiormente, sem que ninguém o perceba. O trabalho interno de seu pensamento expande-se em um momento propício, por conta de uma circunstância e assombra e comove a todos. Lucas descreve esta fase de desenvolvimento psíquico. José e Maria haviam perdido o Menino Jesus, que passeava com eles nos dias de festa, em Jerusalém, e, procurando-o, encontram-no sentado no meio dos doutores do templo "escutando-os e fazendo-lhes perguntas". Aos pais apreensivos e aflitos, responde: "Por que me buscais? Não sabeis que nos assuntos do meu Pai me convém estar?" Mas eles não compreenderam seu filho, o evangelista. Portanto, aquele adolescente tomado por dupla vida achava-se "sujeito aos seus pais e crescia em sabedoria, em idade e graça" (Lucas 2,41-52).

---

14 De "Santuários do Oriente".

CAPÍTULO III

PERMANÊNCIA DE JESUS COM OS ESSÊNIOS

O BATISMO DO JORDÃO E A ENCARNAÇÃO DE CRISTO

O que fez Jesus dos treze aos trinta anos?

Os Evangelhos nada mencionam. Existe aí uma lacuna intencional e um profundo mistério. Porque todo profeta, por maior que seja, necessita passar pela Iniciação. Precisa desvelar sua alma sublime para que se capacite de suas forças e cumpra sua nova missão. A tradição esotérica dos teósofos da antiguidade e de nossos tempos afirma que somente os essênios podiam iniciar o Mestre Jesus, derradeira confraria na qual subsistiam as tradições do profetismo e que habitava as margens do Mar Morto.

Os essênios, cujos costumes e doutrina secreta foram revelados por Fílon[15] de Alexandria, eram conhecidos, sobretudo como terapeutas ou curadores através dos poderes do Espírito. Na língua grega, o termo utilizado é therapeutés, originário da palavra síria asaya, que, por sua vez, significa médico. Os essênios eram médicos da alma. Os evangelistas guardaram silêncio absoluto, tão profundo como o silencioso Mar Morto, sobre a Iniciação do Mestre

---

15 Fílon de Alexandria, filósofo judeu do século I, foi o primeiro pensador a tentar conciliar o conteúdo bíblico à tradição filosófica ocidental (N.T.).

Jesus, porque era conveniente à humanidade profana. Somente nos revelaram sua última fase no Batismo do Jordão. Mas reconhecida, por uma parte, a individualidade transcendente do Mestre Jesus, idêntica à do profeta de Ahura-Mazda, e também, que o Batismo do Jordão oculta o formidável Mistério da encarnação de Cristo, conforme manifestam, por meio da interpretação de símbolos, que aparecem no relato evangélico e nas Escrituras ocultas, podemos reviver, em suas fases essenciais, esta preparação ao mais extraordinário acontecimento da história, de modalidade única.

Na desembocadura do Mar Morto, o vale do Jordão ostenta o mais impressionante espetáculo da Palestina. Nada se compara.

Descendo das alturas estéreis de Jerusalém, percebe-se uma extensão desolada, percorrida por um sopro sagrado que sobressalta o ânimo. E, num olhar inicial, compreende-se por que os grandes acontecimentos religiosos da Terra tenham ocorrido ali.

Uma elevada faixa de azul vaporoso preenche o horizonte. São as montanhas de Moab. Seus cumes limpos escalonam-se em domos e cúpulas. Mas a grandiosa faixa horizontal, perdida em nuvens de pó e de luz, domina seu tumultuoso Oceano, como domina o tempo a eternidade.

Incomparavelmente descampada, distingue-se o topo do monte Nebo, onde Moisés ofereceu sua alma a Javé. Entre os abruptos cumes de Judá e a imensa cordilheira de Moab, estende-se o vale do Jordão, árido deserto margeado por campinas e arvoredos.

Adiante, distingue-se o oásis de Jericó, com suas palmeiras e seus vinhedos, altos como plátamos, e o tapete de grama que ondula na primavera, salpicado por anêmonas vermelhas.

Corre o Jordão aqui e ali, entre dunas e areias brancas, para perder-se no Mar Morto. E este aparece como um triângulo azul entre os elevados promontórios de Moab e de Judá, que se oprimem sobre ele como que para melhor abrigá-lo.

Em torno do lago maldito que recobre, segundo a tradição bíblica, Sodoma e Gomorra, engolidas pelo abismo de fogo, reina um silêncio de morte. Suas águas salgadas e oleosas, carregadas de betume, que matam tudo o que banham. Nenhuma embarcação o singra, nenhum pássaro o cruza. Sobre os seixos de suas praias áridas, não se vê nada além de peixes mortos ou esbranquiçados esqueletos de aloés[16] ou sicômoros[17].

Entretanto, a superfície desta massa líquida, de cor lápis-lazúli, é um espelho mágico. Varia incessantemente de aspecto, como um camaleão. Sinistro e cinzento durante a tempestade, abre ao Sol o límpido azul de suas profundidades e reflete, em imagens fantásticas, as colossais arquiteturas dos montes e o jogo das nuvens. E o lago da morte converte-se em

---

16 *Aloé, da família das Liliaceae. Também chamado azebre ou azevre (N.T.).*
17 *Ficus sycomorus. Tipo de figueira de raízes profundas e galhos fortes que produz figos de qualidade inferior (N.T.).*

um lago das visões apocalípticas. Este vale do Jordão, tão fértil outrora, devastado na atualidade, termina na estreiteza do Mar Morto como em um inferno sem saída. Assemelha-se a um lugar distante do mundo, cheio de contrastes espantosos. Natureza vulcânica, freneticamente perturbada pelas potestades produtivas e destrutivas.

O voluptuoso oásis de Jericó, regado por fontes sulfurosas, parece ultrajar, com seu sopro tíbio, os convulsionados montes de formas demoníacas. Aqui o rei Herodes mantinha seu harém e seus palácios suntuosos, enquanto ao longe, nas cavernas de Moab, trovejava a voz dos profetas. As pegadas de Jesus, impressas sobre aquele solo, calaram os últimos estertores das cidades infames. É um país marcado pelo selo despótico do Espírito. Tudo ali é sublime: sua tristeza, sua imensidão e seu silêncio. Ali expira a palavra humana, porque foi feito apenas para a palavra de Deus.

Compreende-se que os essênios escolheram como retiro a parte mais extrema do lago, que a Bíblia chama "Mar Solitário". Ein Gedi é um estreito terraço semicircular situado ao pé de uma escarpa de trezentos metros, sobre a costa ocidental da Asfáltida, ao pé dos montes de Judá. No primeiro século da nossa era, viam-se as residências dos terapeutas, construídas com terra seca. Em uma estreita barranca, cultivavam sésamo[18], o trigo e videiras[19]. A maior parte do tempo era dedicada à leitura e à meditação.

---
18 Gergelim (*Sesamum indicum*) (N.T.).
19 (*Vitis vinifera*). Conhecida popularmente no Brasil como parreira (N.T.).

Ali Jesus foi iniciado na tradição profética de Israel e nas profecias dos magos da Babilônia e de Hermes sobre o Verbo Solar. Dia e noite, o predestinado essênio lia a história de Moisés e dos profetas, mas obteve consciência de sua missão apenas pela meditação e pela iluminação interior.

Quando lia as palavras do Gênesis, estas ressoavam nele como o harmonioso tronar dos astros rodando em suas esferas. E esta palavra criou as coisas, em quadros imensos: "- Elohim disse: Faça-se a Luz! E a Luz se fez. - Elohim separa a Luz das Trevas." E Jesus via os mundos nascerem, o Sol e os planetas.

Mas, uma noite, quando beirava os trinta anos, assombrou-se, enquanto dormia em sua caverna, com a visão de Adonai, que não lhe aparecia desde a infância. Então, com a rapidez do raio, recordou que mil anos antes havia sido já seu profeta. Debaixo de uma torrente ígnea que o invadia, compreendeu que ele, Jesus de Nazaré, foi Zoroastro, sob os cumes do Albordj. Entre os ários, havia sido o profeta de Ahura-Mazda.

Retornara à Terra para reafirmá-lo? Júbilo, glória, felicidade inaudita...! Vivia e respirava na mesma Luz!... Que nova missão lhe determinara o temível Deus?

Seguiram-se semanas de embriaguez silenciosa e concentrada, nas quais o Galileu revivia sua vida passada. Logo, desenhou-se a visão como uma nuvem no abismo. E pareceu-lhe então que abrasava os séculos transcorridos desde sua morte com o olho de Ormuz-Adonai. Isto lhe causou uma dor aguda. Como uma tela trêmula de um quadro imenso, descortinou-se a decadência da raça ariana, do povo judeu e dos países greco-latinos. Contemplou seus vícios, suas dores e seus crimes. Viu a terra abandonada pelos Deuses. Porque a maioria dos antigos Deuses havia abandonado a humanidade, pervertida e insondável, o Deus-Pai achava-se demasiado longe da pobre consciência humana.

E o Homem, pervertido, degenerado, morria sem conhecer a sede dos Deuses ausentes. A Mulher, que necessitava ver Deus através do Homem, morria por carecer de Herói, de Mestre, de Deus vivo.

Convertia-se em vítima ou cortesã, como a sublime e trágica Mariana, filha dos macabeus, que desejou com imenso amor o tirano Herodes e não encontrou nada além de sexo, a desconfiança e o punhal assassino...

E o Mestre Jesus, errando sobre as escarpas de Ein Gedi, ouve a distante pulsação rítmica do lago. Esta voz densa que se amplificava repercutindo nas concavidades das rochas, como vasto gemido de mil ecos, parecia o grito da maré humana elevando-se até Adonai, para pedir-lhe um profeta, um Salvador, um Deus...

E o antigo Zoroastro, convertido em humilde essênio, também invocava o Senhor. Desceria o Rei dos Arcanjos solares para ditar sua missão? Mas não descia. E em vez da visão esplendorosa, uma negra cruz lhe aparecia na vigília e no sonho.

Interna e externamente, flutuava ante sua presença. Acompanhava-o na praia, seguia-o sobre as grandes escarpas, erguia-se na noite como sombra gigantesca entre o Mar Morto e o Céu estrelado.

Quando interrogava o impassível fantasma, uma voz respondia desde o fundo de si mesmo:

— Erigiste teu corpo sobre o altar de Adonai, como áurea e ebúrnea lira. Agora, teu Deus te reclama para manifestar-te aos homens. Ele te busca e te reclama! Não escaparás! Oferece-te em holocausto! Abraça a cruz!

E Jesus tremia dos pés à cabeça.

Na mesma época, murmúrios insólitos puseram em guarda os solitários de Ein Gedi. Dois essênios que voltavam do Jordão anunciaram que João Batista pregava o arrependimento dos pecados às margens do rio, entre uma turba imensa.

Anunciava o Messias dizendo: "Eu vos batizo com água. Aquele que virá os batizará com fogo". E a agitação espalhava-se por toda a Judeia.

Uma manhã, o Mestre Jesus passeava pela praia de Ein Gedi com o centenário patriarca dos essênios. Disse Jesus ao chefe da confraria:

— João Batista anuncia o Messias. Quem será?
O ancião contemplou o grave discípulo durante longo tempo e disse:

- Por que o perguntas se já o sabes?

- Quero escutar de teus lábios.

- Pois bem. Serás tu! Preparamos-te durante dez anos. A luz fez-se em tua alma, mas falta, porém, a ação da vontade. Estás pronto?

Pela resposta, Jesus estendeu os braços em forma de cruz e baixou a cabeça. Então, o velho terapeuta prostrou-se ante o discípulo e beijou seus pés e inundou-os com uma torrente de lágrimas.

- Em ti, pois, descerá o Salvador do mundo. Submerso em terrível pensamento, o Essênio consagrado ao magno sacrifício, ficou imóvel. Quando o centenário se levantou, Jesus disse:

- Estou pronto.

Olharam-se novamente. A mesma luz e idêntica resolução brilhavam nos olhos úmidos do mestre e no ardente olhar do discípulo.

- Vai ao Jordão - disse o ancião - João espera-te para o batismo. Vai, em nome de Adonai!

E o Mestre Jesus partiu acompanhado de dois jovens essênios.

João Batista, em quem Cristo logo quis reconhecer o profeta Elias, representava então a última encarnação do antigo profetismo espontâneo e impulsivo.

Porém, rugia nele um daqueles ascetas que anunciaram aos povos e aos reis as vinganças do Eterno e o reinado da justiça, impelidos pelo Espírito. Apertava-se em torno dele, como uma onda, uma multidão variada, composta de todos os elementos da sociedade de então, atraída pela sua palavra poderosa.

Havia nela fariseus hostis, samaritanos entusiastas, cândidos cobradores de pedágio, soldados de Herodes, pastores barbudos com seus rebanhos de cabras, árabes com seus camelos e mesmo cortesãs gregas de Séforis, atraídas pela curiosidade, em suntuosas liteiras com seu séquito de escravas.

Compareciam todos com sentimentos diversos para "escutar a voz que repercutia no deserto". Batizavam-se os que assim desejavam, mas não se considerava isto como um entretenimento.

Sob a palavra imperiosa, debaixo da mão áspera do Batista, permanecia-se submerso durante alguns segundos nas águas do rio. E saía-se purificado de toda mancha e como que transfigurado. Mas quão duro era o momento que transcorria! Durante a prolongada imersão, corria-se o risco de morrer afogado. A maior parte pensava que iria morrer e perdia a consciência. Dizia-se que alguns haviam morrido. Isso não ocorria, mas fazia o povo interessar-se mais pela perigosa cerimônia.

Naquele dia, a multidão que acampava em torno da curva do Jordão onde João pregava e batizava estava em revolução. Um maligno escriba de Jerusalém, instigado pelos fariseus, havia amotinado a multidão, dizendo ao homem vestido de pele de camelo: "Faz um ano que anuncias o Messias que deve transtornar os poderes da terra e restabelecer o reinado de David. Quando virá? Onde está? Quem é? Mostra-nos o Macabeu, o rei dos judeus! Somos muitos em número e armamentos. Se és tu, diz-nos e guia-nos ao palácio de Herodes ou à Torre de Sião, ocupada pelos romanos. Se diz que és Elias, pois bem, conduz a multidão!..."

Lançaram-se gritos, lanças brilharam. Uma ameaçadora onda de entusiasmo e de cólera impulsionou a multidão até o profeta.

Diante desta revolta, atirou-se João sobre os amotinados, com sua face barbuda de asceta e de leão visionário, e gritou: "Para trás, bando de chacais e de víboras! O raio de Jeová vos ameaça."

E na manhã daquele dia, emanaram vapores sulfurosos do Mar Morto. Uma nuvem negra cobriu todo o vale do Jordão, envolto em trevas. Um trovão retumbou ao longe.

Aquela voz do Céu, que parecia responder à voz do profeta, fez retroceder a turba que, sobressaltada de supersticioso temor, dispersou-se no acampamento. Em um abrir e fechar de olhos, fez-se um vazio em torno do irritado profeta, até ficar completamente só ao lado da profunda enseada de onde surge o Jordão, um broche entre ramagens de tamarindos, canaviais e aroeiras da praia.

Após algum tempo, o Céu clareou-se no zênite. Uma bruma leve, semelhante à luz difusa, estendeu-se sobre o vale, ocultando os cumes e deixando a descoberto os picos das montanhas, que tinham reflexos cobreados.

João viu os três essênios chegarem. Não conhecia nenhum, mas reconheceu a ordem a que pertenciam pelas suas vestes brancas.

O mais jovem dos três dirigiu-se a ele dizendo:

– O patriarca dos essênios roga a João, o profeta, que administre o batismo a nosso irmão eleito, o Nazareno Jesus, sobre cuja testa jamais foi passado o ferro.

– Que o Eterno o bendiga! Que penetre na onda sagrada! – João ficou sobressaltado de respeito ante a majestade do desconhecido, de elevada estatura, belo como um anjo e pálido como um morto, que avançava para ele, com os olhos baixos.

Entretanto, não se dava conta ainda o Batista do sublime Mistério que iria oficiar. Titubeou por um instante o Mestre Jesus antes de penetrar no reservatório que formava um leve remanso do Jordão. João tendia sua mão sobre a água limosa murmurando as palavras sacramentais. Na margem oposta, tomados de angústia mortal, os essênios permaneciam imóveis.

Não se permitia ajudar o batizado a sair da água. Acreditava-se que um eflúvio do Divino Espírito entrava nele por influxo da mão do profeta e da água do rio. Geralmente, os batizados saíam reavivados da prova. Alguns morriam, outros enlouqueciam como possessos. Estes eram chamados de endemoniados.

Por que tardava Jesus a sair do Jordão onde o sinistro remanso continuava borbulhando no lugar fatídico? Naquele momento, em meio ao solene silêncio, tinha lugar um acontecimento de transcendência incalculável para o mundo. Apesar de o fato ser presenciado por milhares de testemunhas invisíveis, apenas quatro viram-no sobre a terra: os dois essênios, o Batista e o próprio Jesus.

Três mundos experimentaram algo como o singrar de um raio proveniente do mundo espiritual, que atravessou a atmosfera astral e a terrena até repercutir no mundo físico humano. Os atores terrenos daquele drama cósmico foram afetados de diversas formas, ainda que com idêntica intensidade.

O que aconteceu desde o primeiro momento na consciência do Mestre Jesus? Uma sensação de afogamento durante a imersão, seguida de uma terrível convulsão. O corpo etéreo desprende-se violentamente do invólucro físico. E, durante alguns segundos, toda a vida passada rodopia como um caos. Logo vem um alívio imenso e a escuridão da inconsciência.

O eu transcendente, a alma imortal do Mestre Jesus, abandonou para sempre seu corpo físico, submersa novamente na aura solar que a inspira.

Mas, ao mesmo tempo, por um movimento inverso, o Gênio solar, o Ser sublime que chamamos de Cristo, apodera-se do abandonado corpo até a medula, para animar com nova chama esta lira humana preparada durante centenas de gerações e pelo holocausto de seu profeta.

Foi este acontecimento que fulgurou no Céu azul com o resplendor de um raio? Os dois essênios contemplaram todo o vale do Jordão iluminado. E diante de sua deslumbrante luz, fecharam os olhos como se tivessem visto um esplendoroso Arcanjo precipitar-se no rio, com a cabeça baixa, deixando atrás de si miríades de espíritos, como um fio de chamas.

O Batista nada viu. Aguardava, com profunda angústia, o reaparecimento do submerso. Quando por fim o batizado saiu da água, um arrepio sagrado percorreu o corpo de João, porque do Essênio parecia jorrar a luz, e a sombra que velava seu semblante havia sido substituída por uma majestade serena. Um resplendor, uma doçura emanava de seu olhar, que, em um instante, o homem do deserto sentiu que desaparecia toda a amargura de sua vida. Quando, ajudado por seus discípulos, o Mestre Jesus vestiu novamente o manto dos essênios, fez ao profeta reverência de sua bênção e despediu-se.

Então, João, sobressaltado de súbito arrebatamento, viu a imensa auréola que pairava sobre o corpo de Jesus. Logo, sobre sua cabeça, milagrosa aparição, viu pairar uma pomba de luz incandescente, semelhante à prata fundida ao sair do crisol.

João sabia, pela tradição dos profetas, que a Pomba Yoná simboliza, no mundo astral, o Eterno Feminino celeste, o Arcano do amor divino, fecundador e transformador de almas, aquilo que os cristãos chamariam de Espírito Santo.

Simultaneamente, ouviu, pela segunda vez em sua vida, a Palavra primordial que ressoa nos arcanos do ser e que o havia impelido até o deserto, como toque de trombeta. Agora retumbava como um tronar melodioso. Seu significado era: *"Eis meu filho bem amado: hoje eu o gerei"*[20]. Somente então João compreendeu que Jesus era o Messias predestinado.

Viu como se afastava, para sua pena. Seguido por seus dois discípulos, Jesus atravessou o acampamento onde pululavam mesclados, camelos, asnos, liteiras de mulheres e rebanhos de cabras, elegantes seforianas e rudes moabitas, dispersos em meio ao gentio amontoado.

Quando desapareceu Jesus, João Batista acreditou ter visto flutuar nos ares a auréola sutil, cujos raios projetavam-se à distância. Então, o profeta entristecido sentou-se sobre um montinho de areia e cobriu sua fronte com as mãos. A noite chegava com céu sereno. Enaltecidos pela atitude humilde de Batista, os soldados de Herodes e os peregrinos conduzidos pelo

---

20 *Lê-se essa posterior alusão no primitivo Evangelho hebreu e nos antigos textos dos sinóticos. Mais tarde, foi substituída pela que se lê agora: "Este é meu filho muito amado em quem coloquei todo o meu afeto", o que aparece como vã repetição. É necessário acrescentar que o simbolismo sagrado, nesta escritura oculta adaptada aos Arquétipos do mundo espiritual, a solitária presença da mística Paloma no batismo de João indica a encarnação do Filho de Deus.*

emissário da sinagoga acercaram-se do rude pregador. Inclinado sobre ele, o astuto escriba disse com sarcasmo:

- Vejamos. Quando vai mostrar-nos o Messias?

João contemplou severamente o escriba e sem levantar contestou:

- Insensatos! Ele acaba de passar por vocês e não o reconhecestes?

- O que dizes? Por acaso esse essênio é o Messias? Então, por que não o segues?

- Não me é permitido. É preciso que ele cresça. Enquanto isso, eu diminuo. Acabou-se a minha tarefa. Não pregarei mais...! Ide à Galileia!

Um soldado de Herodes, uma espécie de Golias, com semblante de verdugo, que respeitava João Batista e comprazia-se ouvindo-o, murmurou, afastando-se, com piedosa ternura:

- Pobre homem! Seu Messias o deixou doente! Mas o escriba de Jerusalém partiu dando grandes gargalhadas e gritando:

- Que imbecis sois! Ficou louco... Convenci-vos que serei obrigado a calar o vosso profeta!

Assim foi a descida do Verbo Solar no Mestre Jesus. Hora solene, momento capital da História. Misteriosamente - e com que imenso amor -, as divinas potestades atuaram do alto durante milênios, para abrigar Cristo e brilhar para a humanidade através de outros Deuses. Vertiginosamente - e com frenético desejo - o oceano humano levantou-se como um torvelinho, valendo-se do povo judeu, para formar em seu cume um corpo digno de receber o Messias. E, por fim, cumpriu-se o desejo dos anjos, o sonho dos magos, o clamor dos profetas. Juntaram-se as duas espirais. O torvelinho do amor divino uniu-se ao torvelinho da dor humana. Formou-se uma torrente.

E, durante três anos, o Verbo Solar percorreu a terra por meio de um corpo cheio de força e de graça, para provar a todos os homens que Deus existe, que a imortalidade não é uma palavra vã e que os que amam, creem e esperam podem alcançar o céu através da morte e da ressurreição.

CAPÍTULO IV

RENOVAÇÃO DOS MISTÉRIOS ANTIGOS PELA VINDA DO CRISTO

DA TENTAÇÃO À TRANSFIGURAÇÃO

Tratemos de definir a constituição do ser sublime e de natureza única, saído do batismo do Jordão.

O filho de Maria, o Mestre Jesus, o Iniciado Essênio que cedeu ao Cristo seu corpo físico, ofereceu ao próprio tempo seus corpos etéreo e astral. Tripla envoltura admiravelmente harmonizada e evoluída.

Através de Maria, o Verbo Solar, que falou astralmente a Zoroastro e em corpo etéreo a Moisés, na forma de Elohim, falará aos homens através de um homem de carne e osso. Faltava isso para animá-los e convencê-los!

Tal opacidade opunham a luz da alma e surdez imensa à palavra do Espírito. Muitas vezes, sob diversas formas, manifestaram-se os Deuses aos homens desde o período atlante até os tempos heróicos da Judeia e da Grécia. Inspiraram e iluminaram os profetas, protegeram os heróis.

Com Cristo, apareceu pela primeira vez um Deus completamente encarnado em corpo de homem.

E este fenômeno sem par na História, que foi produzido no instante central da evolução humana, ou seja, no ponto mais baixo de sua descida na matéria.

Como subirá do escuro abismo ao claro topo do Espírito? Para tal, é necessário o formidável impulso de um Deus em forma de homem. Realizado o impulso, continuará a ação do Verbo sobre a humanidade por meio de seu eflúvio. E não será mais necessária sua encarnação.

Daí o maravilhoso organismo do ser que existiu pelo nome Jesus Cristo. Por suas sensações, submerge na carne; por seus pensamentos, eleva-se aos Arquétipos. Em cada sopro seu respira a Divindade. A totalidade de sua consciência é contínua nesta palavra que tão amiúde vem a seus lábios: "Meu Pai e eu somos um só".

Mas, ao mesmo tempo, encontrava-se unido aos sofrimentos da humanidade com invencível ternura, pelo imenso amor que o fez aceitar livremente sua missão.

Sua alma é uma chama viva que emana da perpétua combustão do humano pelo divino. Desta maneira, alguém pode tornar-se apto do poder irradiador de semelhante ser.

Envolvia sua aura humana uma vasta auréola celeste, que permitia comunicar-se com todas as potestades espirituais. Seu pensamento não tropeça nunca nos escabrosos caminhos da razão, mas brota com o fulgor do raio desta Verdade central que tudo abarca.

Atraídos por esta força primordial, precipitam-se as almas até Ele e vibram, e renascem sob seus raios. O objeto de sua missão consiste em espiritualizar a terra e o homem, elevando-os a um estado superior de evolução.

O meio será simultaneamente moral e intelectual. Moral pela expansão amorosa deste sentimento de fraternidade universal que Dele emana como um manancial inesgotável. Intelectual e espiritual pela porta que conduz a todas as almas ansiosas pela Verdade aos Mistérios.

Assim, no transcurso dos três anos que durou sua obra, o Cristo inicia simultaneamente sua comunidade na doutrina moral e os apóstolos nos antigos Mistérios que Ele rejuvenesce e renova, fazendo-os perdurar. Mas, ao contrário do que acontecera na Pérsia, no Egito, na Judeia e na Grécia, esta Iniciação, reservada outrora a uns poucos eleitos, propaga-se à luz do dia mediante reuniões, para que a humanidade inteira participe dela.

"A vida real de Jesus - disse Rudolf Steiner - foi um acontecimento histórico do que antes ocorria dentro da Iniciação. O que até então permanecia fechado no mistério do templo, deveria, por Ele, atravessar a cena do mundo com incisivo realismo. A vida de Jesus é, pois, uma confirmação pública dos Mistérios."

Edouard Schuré

O Sermão da Montanha (Carl Heinrich Bloch)

CAPÍTULO V

A TENTAÇÃO DE CRISTO

Ainda que fosse Deus por essência, Cristo deveria atravessar por si mesmo a primeira etapa da evolução antes de começar seu ministério.

Não é possível ao homem ordinário adquirir a visão do mundo astral a não ser preparando seu duplo inferior, que oculta sua percepção. A tradição oculta chama-o de Guardião do Umbral e simboliza a lenda sob a forma do Dragão.

É uma condensação astral de todas as encarnações precedentes sob um aspecto impressionante e terrífico. Não se pode dissipar este fantasma que fecha o caminho ao mundo espiritual, a não ser extirpando da alma os últimos vestígios das baixas paixões.

Cristo, o puro Gênio solar, não possuía duplo inferior nem se encontrava sujeito ao Karma. Limpo de toda mancha, jamais havia se separado de Deus. Mas a humanidade em meio à qual Cristo penetrara possuía seu Guardião do Umbral, ou seja, a potestade cósmica que havia impelido sua evolução precedente, precipitando-a em volta da matéria e, graças à qual, havia conquistado a consciência individual. No presente, é a potestade que oculta à maioria dos homens o mundo do Espírito. A Bíblia chama-o Satã, que corresponde ao Arimã persa.

Arimã é a sombra de Lúcifer, sua projeção e sua contraparte inferior nos baixos mundos, o Daimon[21] que perdeu sua divina consciência, convertido em gênio das trevas, enquanto que Lúcifer, apesar de sua queda[22], continua sendo potencialmente o portador da luz. É por isto que Cristo devia vencer Arimã na aura magnética da Terra antes de iniciar sua missão. Assim se justifica seu jejum de quarenta dias e as três provas compiladas nas três imagens no Evangelho segundo Mateus.

O príncipe deste mundo submete Cristo sucessivamente à tentação dos sentidos (por meio da fome), à do temor (mostrando-lhe o abismo em que intenta precipitá-lo) e do poder absoluto (oferecendo-lhe todos os reinos da terra).

E, por três vezes, Cristo reage em nome da palavra da Verdade que lhe fala e ressoa em seu interior como a harmonia das esferas. Com esta invencível resistência, vence Arimã, que retrocede com suas inúmeras legiões ante o Gênio Solar. Abriu-se uma brecha no tenebroso invólucro que recobre a terra. Abriu-se novamente o portal da alma humana. Cristo já pode entrar.

Na educação que Cristo dá a sua comunidade, encontramos outra vez as quatro etapas da antiga

---
21 *É o termo utilizado para referir-se a diferentes realidades que compartem os princípios fundamentais do que, em outras tradições, se denominam espíritos, anjos e demônios (N.T.).*
22 *É questionável essa queda, pois não é fácil aceitar que um ser desse porte, livre de karma e sensações típicas dos humanos encarnados, esteja sujeito à essas tentações (N.T.).*

Iniciação, formuladas por Pitágoras da seguinte forma:

1ª) Preparação ou instrução;

2ª) Purificação;

3ª) Epifania ou iluminação;

4ª) Suprema Visão ou síntese.[23]

Os dois primeiros graus desta Iniciação destinavam-se ao povo, ou seja, à totalidade, e eram ministrados simultaneamente. Os dois últimos eram reservados aos apóstolos e particularmente a três deles, ministrados gradualmente até o fim da vida.

Esta renovação dos antigos Mistérios representa, em um aspecto, uma vulgarização e uma continuação, e, por outro lado, predispunham e capacitavam para a vidência sintética por meio de uma elevada espiritualidade.

---

[23] Vide "Pitágoras", da minha coleção "Grandes Iniciados".

Edouard Schuré

Cura do Cego (Carl Heinrich Bloch)

CAPÍTULO VI

Primeiro grau de iniciação: Preparação

O SERMÃO DA MONTANHA E O REINO DE DEUS

Começa o trabalho de Cristo pelo idílio da Galileia e o anúncio do "Reino de Deus".

Esta pregação mostra-nos seu ensinamento popular e simboliza, por sua vez, a preparação para os mais sublimes Mistérios, que gradualmente revelará aos apóstolos, ou seja, a seus discípulos mais próximos. Corresponde à preparação moral nos antigos Mistérios.

Mas não estamos nos templos e tampouco nas criptas. A iniciação galileia tem por cenário o lago de Genesaré, de águas claras, lar de múltiplas espécies de peixes. Os jardins e os bosques de suas margens, suas montanhas azuis de matizes violáceos, cujas vastas ondulações cercam o lago como copa de ouro, todo este paraíso embalsamado por plantas silvestres faz contraste absoluto com a infernal paisagem do mar Morto.

Este quadro, com a multidão cândida e inocente que o habita, era necessário ao início da missão do Messias. O Deus encarnado no corpo de Jesus de Nazaré sustenta um divino plano, gestado durante séculos em vastas linhas como rios solares. Agora que Jesus é homem e prisioneiro da Terra, o mundo das aparências e das trevas precisa buscar a aplicação daquele plano, passo a passo, grau por grau, sobre sua pedregosa vereda.

Achava-se bem preparado para isto. Lia nas consciências, atraía os corações. Penetrava as almas com um olhar, lendo seus destinos. Quando disse ao pescador Pedro, na praia: "Segue-me e te converterei em pescador de homens", Pedro levantou-se e seguiu-o.

Quando aparece, no crepúsculo, com seu manto branco de essênio, com a peculiar auréola que o circundava, Santiago e João perguntam-lhe: "Quem és?" E Ele responde simplesmente "Vinde ao meu Reino". E eles vão. Segue-o já um cortejo de pescadores, de caminhantes, de mulheres jovens e velhas, por povoados, campos e sinagogas.

E pregando sobre a montanha, à sombra de uma grande figueira: O que diz? "Bem-aventurados os pobres de espírito, porque deles é o Reino dos Céus. Bem-aventurados os aflitos, porque serão consolados. Bem-aventurados os que têm fome e sede de justiça, porque serão consolados. Bem-aventurados os de coração puro, porque verão a Deus".

Estas verdades, impregnadas pela voz intensa e pelo olhar do Mestre, não se dirigem à razão, e sim ao sentimento puro. Penetram nas almas como suave orvalho, sustentando mundos. Contêm todo o mistério da vida espiritual e a lei das compensações que envolvem as vidas.

Os que recebem estas verdades não medem seu alcance, mas penetram seu sentido com o coração, bebendo-as como licor que embriaga.

E quando o Mestre acrescenta: "O Reino dos Céus encontra-se dentro de vós", uma flor de júbilo abre-se no coração das mulheres, como uma rosa prodigiosa, todo seu perfume ao impulso do vento. A palavra de fraternidade, pela qual se costuma definir o ensinamento moral do Cristo, é insuficiente para expressar sua essência.

Algumas de suas características são o entusiasmo que provoca e a fé que exige. Com Cristo, algo insólito penetra o ego humano, algo que o permite perceber, até as profundidades de sua alma, este mundo espiritual não percebido até então, senão através dos corpos etéreo e astral.

Antes, tanto em clarividência espontânea como nos altos Mistérios, havia sempre uma parte de inconsciência. O Decálogo de Moisés, por exemplo, não aborda mais do que o corpo astral e apresenta-se sob a forma de Lei, não de Vida.

A Vida do Amor não entra na humanidade a não ser por meio de Cristo. Também Buda falou ao mundo sobre a doutrina do Amor e da Piedade. Mas sua missão consistia em propô-la mediante a razão.

"Cristo é o Amor em pessoa e conduz com o Amor. Apenas sua presença o atualiza com grande potência, irresistivelmente, como Sol radiante.

Existe uma diferença entre a compreensão de um pensamento e a força que nos inunda, como torrente de vida. Cristo trouxe ao mundo a Substância do Amor e não somente a Sabedoria do Amor, dando-se, vertendo-se por inteiro na humanidade."[24]

Daí provém a índole de fé que reclama Cristo aos seus. A fé, no sentido do Novo Testamento, como fastidiosamente e amiúde querem os chamados ortodoxos, não significa uma adesão e uma submissão cega da inteligência a dogmas abstratos e imutáveis, sem uma conversão da alma e uma plenitude de amor capazes de transbordar de uma alma a outra.

É uma perfeição que se comunica. Cristo disse: "Não basta que deis aos que podem devolver. Os cobradores de pedágio fazem o mesmo. Oferece àqueles que não podem corresponder-vos." "O amor de Cristo é um amor transbordante e submergente"[25].

Tal é a pregação deste "Celeste Reino" que reside na vida interior e que o Divino Mestre frequentemente a compara a um grão de mostarda. Semeado na terra, converter-se-á em pujante planta que produzirá milhares de sementes.

Este celeste reino que existe em nós contém em germe todos os demais. Ele basta aos simples, aos que Jesus dirá: "Bem-aventurados os que não viram e acreditaram".

---

24 Rudolf Steiner. *"Conferências de Basileia sobre o Evangelho de Lucas"*.
25 *Idem, ibdem*.

A vida interior contém em si a felicidade e a força. Mas o pensamento de Cristo não é mais que a antessala de um vasto reino de infinitas esferas: o reino de seu Pai, o mundo divino cuja senda Ele deseja abrir novamente a todos os homens e dar a esplendorosa visão a seus eleitos.

Esperando, a enorme comunidade que rodeia o Mestre aumenta e viaja com Ele, acompanhando-o de uma margem à outra do lago, sob os laranjais da superfície e os amendoais das colinas, entre o trigal maduro e os brancos lírios que salpicam o verde das montanhas.

O Mestre prega o Reino de Deus às multidões sobre uma barca amarrada no porto, em pequenas sinagogas e sob os grandes sicômoros do caminho.

A turba chama-o de Messias ainda sem compreender o alcance deste nome e ignorando até onde Ele os conduzirá. Mas Ele está ali e isto basta. Somente as mulheres pressentem, talvez, sua natureza sobre-humana e, adorando-o com amor cheio de ímpeto, forram seu caminho com flores. Ele mesmo desfrutava, em silêncio, à maneira de um Deus, desta terrestre primavera de seu Reino.

Humaniza-se sua divindade e enternece-se frente a todas aquelas almas palpitantes, que esperam Dele a salvação, enquanto vai denodando seus destinos emaranhados, prevendo seu porvir. Sentia o prazer desta floração das almas como o calado esposo das bodas de Canaã desfrutava da esposa silenciosa e perfumada em meio a um séquito de padrinhos. Segundo os Evangelhos, um dramático episódio projeta sua sombra nas ondas solares que brilhavam sobre esta primavera galileia. Será o primeiro assalto das forças hostis que atuam contra Cristo desde o invisível?

Quando, certo dia, atravessavam o lago, desencadeou-se uma das terríveis borrascas tão comuns no mar de Tiberíades. Jesus dormia na popa?

Afundaria a bamboleante embarcação? Despertaram o Mestre que com os braços abertos acalmou as ondas enquanto o barco, com vento propício, atracava em porto hospitaleiro.

É o que nos relata Mateus. O que se opõe a sua veracidade? O Arcanjo solar, em comunicação direta com as potestades que governam a atmosfera terrena, pôde muito bem projetar sua vontade, com círculo mágico, no torvelinho de Éolo. Pôde fazer azul o céu escuro por um instante durante a tormenta com o coração de um Deus.

Realidade ou simbolismo? Em ambos os casos, verdade sublime. Cristo dormia no barco pesqueiro, no seio das ondas agitadas! Que soberba imagem de paz da alma consciente de sua divina pátria em meio dos rugentes elementos e das paixões desencadeadas!

CAPÍTULO VII

Segundo grau de iniciação: Purificação

CURAS MILAGROSAS
A TERAPÊUTICA CRISTÃ

Em todos os Mistérios antigos, sucedia à preparação moral e intelectual uma purificação da alma, direcionada ao desenvolvimento de novos órgãos que capacitavam, por conseguinte, para ver o mundo divino.

Era, em essência, uma purificação dos corpos astral e etéreo. Com Cristo, repetimos, baixou a Divindade, atravessando os planos etéreo e astral até chegar ao físico.

Para tanto, sua influência seria exercida, mesmo sobre o corpo físico de seus fiéis, através dos outros dois, do mais baixo ao mais alto. Seu influxo, atravessando as três esferas da vida, borbulhando no sangue de suas veias alcançando os cimos da alma. Porque Cristo é simultaneamente o médico do corpo e da alma.

Daí esta nova terapêutica de efeitos imediatos, deslumbrantes e transcendentes. Magnífico exemplo jamais igualado, cujos passos serão seguidos pelos crentes do Espírito.

O conceito exotérico do milagre não se fundamenta em mutilação ou disfarce das leis da natureza e sim em uma acumulação de forças dispersas no Universo sobre um dado ponto em uma aceleração do processo vital dos seres. Antes de Cristo, milagres análogos haviam acontecido nos santuários de Ásia, Egito e Grécia, no de Esculápio em Epidauro, entre outros, como atestam vários escritos.

Sem dúvida, os milagres de Cristo caracterizavam-se por sua intensidade e moral transcendentes. Paralíticos, leprosos, endemoniados ou cegos sentem, após a cura, a transformação da alma. Restabelece-se o equilíbrio das forças em seu corpo por uma energia do Mestre, mas simultaneamente lhes outorgou sua divina beleza, o raio da esperança e seu amor do fogo da fé. O contato com Cristo repercutirá em todas as suas existências futuras.

Justifica-se a cura do paralítico. Esperava havia trinta anos junto ao dique de Betesda, sem conseguir curar-se. Cristo simplesmente lhe disse: "Levanta-te e anda". E levantou-se. Depois, disse ao enfermo curado: "Vai e não peques mais."

"Amor transformado em ação, eis o dom de Cristo. Lucas reconheceu-o como médico do corpo e da alma, porque também exerceu a medicina praticando arte de curar por meio do Espírito e, por isto, pôde compreender a terapêutica de Jesus. Por Lucas, aparecem os elevados ensinamentos do budismo como e rejuvenescidos por um manancial de Juventude"[26].

---

[26] Rudolf Steiner. *"Conferência sobre o Evangelho de Lucas."*

CAPÍTULO VIII

A RESSURREIÇÃO DE LÁZARO

Atualmente, costuma-se admitir a opinião de que Jesus trouxe o Reino de Deus somente para os simples, oferecendo a todos um ensinamento único, acabando com todo Mistério.

Nossa época, na qual ingenuamente se acredita ter encontrado uma nova religião na democracia, tentou-se circunscrever o maior de todos os Filhos de Deus neste ideal mesquinho e grotesco, que consiste em derrubar os eleitos, dos que sobrepujam a generalidade. O mais ilustre dos seus biógrafos não acreditou que era seu dever conferir a Jesus, em nossos dias, o mais absurdo dos epítetos[27], chamando-o "amável democrata"?

Certamente Jesus tentou facilitar o verdadeiro caminho a todas as almas de boa vontade, mas sabia também que era necessário dosar a verdade segundo o nível das inteligências. O bom sentido por si só justifica a crença de que um espírito de tal profundidade desconhecia a lei da hierarquia que rege o universo, a natureza e os homens. Os quatro Evangelhos refutam a opinião de que a doutrina de Cristo carece de graus e mistérios.

---

27 *um substantivo, adjetivo ou expressão que se associa a um nome para qualificá-lo. Pode ser aplicado a pessoas, divindades, objetos ou, na taxonomia dos seres vivos, para designar a espécie de um vegetal ou animal (N.T.).*

Questionado pelos apóstolos por que falava ao povo por meio de parábolas, Jesus respondeu: "Porque a vocês é dado conhecer os Mistérios do Reino dos Céus. Mas a eles não é dado. Porque ao que já tem, mais se dará. Mas ao que de tudo careça se despojará do que foi dado" (Mateus 13,10-11).

Significa isto que a verdade consciente, ou seja, cristalizada por meio do pensamento, não pode ser destruída e converte-se em centro de atração para as novas verdades, enquanto que a verdade flutuante e instintiva esteriliza-se e é desperdiçada sob a multiplicidade de impressões. Cristo teve sua doutrina secreta, reservada aos apóstolos, que chamava de "Mistérios do Reino dos Céus".

Todavia, há mais. Contemplada pela hierarquia, acentua-se e escalona-se conforme os quatro graus da Iniciação clássica:

1º) Em primeiro lugar, ao povo, a quem se outorga o ensinamento moral sob a forma de semelhanças e parábolas.

2º) A seguir, vêm os setenta que receberam aquelas parábolas.

3º) Logo, os doze apóstolos iniciados nos "Mistérios do Reino dos Céus".

4º) E, dentre eles, os três eleitos: Pedro, Tiago e João, iniciados nos mais profundos Mistérios do mesmo Cristo, os únicos que presenciaram a

Transfiguração. E, mesmo assim, é necessário acrescentar a tudo isso que, entre estes últimos, João era o único *epopto*[28] verdadeiro, segundo os Mistérios de Elêusis e Pitágoras, ou seja, um vidente com a compreensão de tudo que vê.

E, com efeito, o Evangelho de João revela, do princípio ao fim, a índole da mais elevada Iniciação. A Palavra criadora, "a Palavra que foi com Deus o princípio e que é o próprio Deus", vibra ali desde os primeiros versículos como a harmonia das esferas, eterna moldadora dos mundos.

Mas, ao lado desta metafísica do Pai, Filho e Espírito Santo, que é como que o *leitmotiv*[29] de todo o Evangelho, em que é assinalada precisamente a influência alexandrina no concernente à forma que envolve ideias, achamos no Evangelho de João uma familiaridade e um realismo emocionante, incisivos e sugestivos detalhes que manifestam uma intimidade especial entre Mestre e discípulo.

Percebe-se esta característica no relato da Paixão e, particularmente, em todas as cenas, das quais a mais importante é a ressurreição de Lázaro.

Lázaro, que João designa simplesmente como irmão de Marta e de Maria de Betânia, é o mais singular e enigmático de todos os personagens evangélicos. Apenas João menciona-o; os sinóticos desconhecem-no. Aparece somente na cena da ressurreição.

---

28 *Adepto (N.T.).*

29 *Qualquer causa lógica conexiva entre dois ou mais entes quaisquer (N.T.).*

Operado o milagre, desaparece como por encanto, mas integra o grupo mais próximo a Jesus, entre os que o acompanham até o tumulo.

E ele sugere uma dupla pergunta involuntária: Quem é esta vaga personalidade que passa como um fantasma entre os demais personagens, tão definida e vivamente desenhada no relato evangélico? O que significa, ainda, sua ressurreição?

Conforme uma conhecida tradição, Cristo, ao ressuscitar Lázaro, teve a única intenção de demonstrar aos judeus que Ele era o Messias.

Não obstante, este feito relega Cristo ao nível de um taumaturgo vulgar. A crítica moderna, sempre pronta a negar redondamente tudo que a estorva, seca a questão declarando que aquele milagre é, como todos os demais, fruto da imaginação popular, o que equivale a dizer, segundo outros, que toda a história de Jesus não é nada mais que uma lenda fabricada fora de hora e que Cristo nunca existiu.

Acrescentemos a isto que a ideia da ressurreição é o cerne do pensamento cristão e o fundamento de seu impulso. Precisa justificar esta ideia segundo as leis universais, tratando de compreendê-la e interpretá-la. Suprimi-la, pura e simplesmente, significaria despojar o cristianismo de sua luz e de sua força.

Sem alma imortal, carece de alavanca. A respeito deste perturbador enigma, a tradição rosacrucianista proporciona-nos uma solução tão ousada quanto luminosa.[30] Porque simultaneamente faz sair Lázaro de sua penumbra, revelando no momento certo o caráter esotérico, a verdade transcendente de sua ressurreição.

Para os que levantaram o véu das aparências, Lázaro é João, o apóstolo. Se não o confessara, foi por conta de uma espécie de delicado pudor e pela admirável modéstia que caracterizam os discípulos de Jesus. O desejo de não sobrepujar seus próprios irmãos privou-o de revelar, por meio de seu próprio nome, o maior acontecimento de sua vida, que o converteu em um Iniciado de primeira ordem.

Isto justifica a máscara de Lázaro com a qual se encobre o apóstolo João naquela circunstância.

Por aquilo a que sua ressurreição se refere, toma um caráter novo por este mesmo feito e revela-se como a fase capital da antiga Iniciação, correspondente ao terceiro grau. No Egito, depois de o aspirante passar por demoradas provas, o hierofante[31] submergia-o em sono letárgico, permanecendo durante três dias em um sarcófago, no interior do templo.

Durante este período, o rígido corpo físico denotava todas as aparências da morte, enquanto o corpo astral, totalmente liberado, expandia-se livremente no Cosmos. Desprendia-se, desta maneira, o

---
30 Ler "O Mistério Cristão e os antigos Mistérios", de Rudolf Steiner.
31 É o termo usado para designar os sacerdotes da alta hierarquia dos mistérios da Grécia e do Egito. O que é designado em português como o Grande Hierofante é o Sacerdote Supremo, que pode ser chamado também de Sumo Sacerdote (N.T.).

corpo etéreo, registro da memória e da vida à semelhança do astral, ainda que sem abandoná-lo completamente, porque isto implicaria na morte imediata. Ao despertar do estado cataléptico provocado pelo hierofante, o indivíduo que saía do sarcófago já não era o mesmo. Sua alma viajou por outro mundo e dele se lembrava. Havia se convertido em um verdadeiro Iniciado, em uma engrenagem da cadeia mágica "associando-se, segundo um antigo escrito, ao exército dos grandes Deuses".

Cristo, cuja missão consistiu em divulgar os Mistérios aos olhos do mundo, engrandecendo seus umbrais, quis que seu discípulo favorito transcendesse a suprema crise que impede o conhecimento direto da verdade. Tudo no texto evangélico conspira para predispô-lo ao acontecimento.

De Betânia, Maria envia um mensageiro a Jesus, que pregava na Galileia, para transmitir-lhe: "Senhor, acha-se enfermo Aquele que tu amas". (Não designa claramente a frase ao apóstolo João, o discípulo amado de Jesus?).

Mas, em vez de Jesus atender o chamamento, aguarda dois dias, dizendo a seus discípulos: "Esta enfermidade não leva à morte, e sim à divina glória, para que o Filho de Deus seja glorificado... Nosso amigo Lázaro dorme; mas eu o despertarei."

Assim, Jesus sabia com antecedência o que deveria executar. E chega no momento exato para realizar o fenômeno previsto e preparado.

Quando na presença das irmãs desconsoladas e dos judeus que estavam em frente à tumba esculpida na rocha, retira-se a pedra que ocultava o adormecido em sonho letárgico, que acreditavam estar morto, exclama o Mestre: "Levanta-te, Lázaro!".

E aquele que se ergue ante a multidão assombrada não é o lendário Lázaro, pálido fantasma que ostenta ainda a sombra do sepulcro, e sim um homem transfigurado, de fronte radiante. É o apóstolo João... Os fulgores de Patmos[32] brilham em seus olhos, porque já havia contemplado a divina luz.

Durante seu sono, viveu no Eterno. E a mortalha era agora o manto de linho do Iniciado. Compreende então o significado das palavras do Mestre: "Eu sou a ressurreição e a vida".

O Verbo criador: "Levanta-te, Lázaro!" vibrou até a medula de seus ossos e converteu-o em um ressuscitado do corpo e da alma. João compreende agora por que é o discípulo mais amado; porque somente ele realmente compreende o Mestre.

Pedro continuará sendo o homem do povo, o crente impetuoso e cândido que desmaiou nos últimos instantes. João será o Iniciado e o vidente que acompanhará o Mestre ao pé da cruz, na escuridão da tumba e no esplendor do Pai.

---

[32] *Patmos é uma pequena ilha da Grécia, no mar Egeu. Conhecida por ser o local para onde o apóstolo João foi exilado - conforme consta na introdução do livro bíblico do Apocalipse (N.T.).*

Edouard Schuré

A Ressurreição de Lázaro (Giotto di Bondone)

CAPÍTULO IX

Quarto grau da iniciação: Visão Suprema

A TRANSFIGURAÇÃO

Epifania ou Visão Suprema significa, na Iniciação pitagórica, a visão conjuntiva que deve seguir-se à contemplação espiritual.

É a intima compreensão e a assimilação profunda das coisas contempladas em espírito. A Vidência conduz a uma concepção sintética do Cosmos.

É a coroação iniciática. Essa fase corresponde, na educação dada por Cristo aos apóstolos, ao fenômeno da Transfiguração.

Recordemos as circunstâncias em que ocorre tal fato. Empalidecia a primaveril aurora do idílio galileu. Tudo em torno de Cristo escurecia. Seus inimigos mortais, fariseus e saduceus, preparavam cuidadosamente seu retorno a Jerusalém para prendê-lo e entregá-lo à justiça.

Nas fiéis cidades da Galileia, as defecções produziam-se em massa com as calúnias da grande Sinagoga, que acusavam Jesus de blasfêmia e sacrilégio.

Sem tardar, Cristo, dispondo-se a fazer sua derradeira viagem, despedia-se tristemente desde um elevado promontório de suas queridas cidades e de seu lago bem amado: "Maldição a ti, Cafarnaum; a ti, Corazim; e a ti, Betsaida!".

Nervosas oscilações obscureciam cada vez mais sua auréola de Arcanjo Solar.

A notícia da morte de João Batista, decapitado por Herodes Antipas, indicou a Jesus que sua hora estava próxima. Conhecia seu destino e não retrocederia diante dele. Mas uma pergunta o assaltava: "Meus discípulos compreenderam o meu Verbo e sua missão no mundo?"

A maior parte deles, impregnada pelo pensamento judeu, imaginava o Messias como dominador dos povos por meio das armas, não estando suficientemente preparados para compreender a tarefa que Cristo assumia na história. Jesus quis preparar seus três eleitos.

O relato de Mateus é, no que ele se refere ao tema, especialmente significativo e de singular destaque. Seis dias depois, Jesus chamou Pedro, Tiago e João, seu irmão, e conduziu-os ao topo de uma montanha. E, diante deles, transfigurou-se.

Seu semblante resplandecia como o Sol e brilharam com a mesma luz suas vestes, ao mesmo tempo em que apareciam Moisés e Elias, que permaneceram algum tempo em sua presença.

Então Pedro, tomando a palavra, disse a Jesus: "Senhor, bom será permanecer aqui. Faremos, se tu o desejas, três tendas, uma para ti, outra para Moisés e outra para Elias."

Enquanto continuava falando, uma nuvem resplandecente os envolveu. E, subitamente, uma voz saiu da nuvem, dizendo: "Eis o meu Filho bem amado em quem eu coloquei meu afeto. Escutai-o!" Ao ouvir estas palavras, os discípulos caíram de bruços sobre o solo, tomados de grande pavor.

Mas Jesus aproximou-se até tocá-los e disse: "Levantai-vos! Deixai o medo de uma vez." Então levantaram seus olhos e somente viram Jesus (Marcos, 17,1-8). Em sua tela sobre a Transfiguração, Rafael interpretou maravilhosamente, com seu gênio angelical e platônico, o transcendente sentido desta visão.

Os três mundos, físico ou terrestre, anímico ou astral e divino ou espiritual, que domina e engloba os demais com sua radiação, classificados e diferenciados em três grupos, constituem as três subdivisões do quadro.

Na parte inferior, na base da montanha, percebem-se os apóstolos não iniciados e a multidão que comenta e discute sobre os acontecimentos de um milagre. Esses não veem Cristo. Somente entre a turba o possuído curado percebe a visão e solta um grito. Os demais não têm os olhos da alma abertos.

No cume da montanha, Pedro, Tiago e João dormem profundamente. Não possuem, todavia, a capacidade para a vidência espiritual no estado de vigília.

Cristo, que aparece levitando entre as fulgurantes nuvens no meio de Moisés e Elias, representa a aparição dos três eleitos.

Ao contemplarem e compreenderem esta visão, os três apóstolos iniciados têm diante de si, resumida, toda a evolução divina.

Porque Moisés, o profeta do Sinai, o formidável condensador do Gênesis, representa a história da terra desde a origem do mundo. Elias encarna Israel e todos os profetas, anunciadores do Messias, simbolizando o presente.

Cristo é a encarnação radiosa e transparente do Verbo Solar, o Verbo criador que sustenta nosso mundo desde suas origens e fala agora através de um homem e simboliza o porvir[33].

A voz que os apóstolos ouvem é a Palavra universal do Pai, do Espírito puro do qual emanam os Verbos, semelhante à música das esferas que percorre os mundos regulando seus ritmos, percebida somente pelos clarividentes, e que, naquela hora única e solene, é traduzida em linguagem humana para os apóstolos.

Assim, a visão do monte Tabor sintetiza em uma tela, com magna simplicidade, toda a evolução humana e divina. A Transfiguração foi o início de um novo tipo de êxtase e da visão espiritual profunda.

---

[33] *Na minha obra "Grandes Iniciados", tratei de definir o estado íntimo da alma do Cristo no instante da Transfiguração.*

CAPÍTULO X

RENOVAÇÃO DOS MISTÉRIOS

PAIXÃO, MORTE E RESSURREIÇÃO DE CRISTO

Risonhos e brilhantes foram os três anos do ministério de Jesus.

A vida errante às margens do lago ou pelos campos divide-se com os mais sérios ensinamentos. A terapêutica do corpo e da alma é alternada com os exercícios da vidência superior.

Às vezes, dir-se-ia que o Mestre ascende vertiginosamente para elevar os seus a sua própria altura espiritual. À medida que se eleva, a imensa maioria o abandona pelo caminho.

Somente três o acompanham até o topo, onde caem prostrados sob os raios da revelação.

Tal é a radiante manifestação de formosura e de força crescentes de Cristo através do Mestre Jesus. Logo, bruscamente, precipita-se o Deus desde esta gloriosa altura até o abismo da ignomínia.

Voluntariamente, ante os olhos de seus discípulos, deixa-se prender por seus inimigos, entregando-se sem resistência aos piores ultrajes, ao suplício e à morte. Por que esta súbita queda?

Platão, este prodigioso e modesto iniciado que estabelece um laço de transição entre o gênio helênico e o cristianismo, disse, em determinado trecho, que "crucifica-se a alma do mundo sobre a trama do universo em todas as criaturas e aguarda sua liberação". Raro conceito em que o autor do Timeu parece pressentir a missão de Cristo em seu aspecto mais íntimo e transcendente.

Porque esta palavra contém o enigma da evolução planetária e sua solução pelo Mistério da cruz. Depois do longo acorrentamento da alma humana aos laços da matéria, falta apenas o sacrifício de um Deus para lembrar e mostrar o caminho do Espírito.

Disse de outro modo: para cumprir sua missão depois de Cristo ter iniciado seus discípulos, deveria, para completar sua educação, atravessar uma iniciação pessoal.

Deus devia descer até a mais profunda dor e morte para identificar-se com o coração e o sangue da humanidade, imprimindo à terra renovado impulso.

O poderio espiritual está em razão direta com os dons da alma. Eis o motivo pelo qual doar-se para a humanidade, penetrando em um corpo humano e aceitando o martírio, significou uma superação para o próprio Cristo.

E aparecem os novos Mistérios, com caráter único, como jamais se viram e como indubitavelmente não se verão jamais no transcurso das futuras evoluções terrestres, sujeitas a múltiplas metamorfoses. Porque se iniciou nestes Mistérios um Deus, Arcanjo Solar, atuando o Pai como hierofante, o Espírito puro.

Do Cristo ressuscitado vem o Salvador da humanidade. Do que advém, para o homem, uma considerável expansão de sua zona de percepção espiritual e, por conseguinte, uma incalculável amplitude de seus destinos físico e celeste.

Fazia mais de um ano que os fariseus perseguiam Jesus. Mas Ele não quis entregar-se até que chegasse sua hora.

Quantas vezes o Mestre discutira com eles no umbral das sinagogas e sob os grandes pórticos do templo de Jerusalém, onde passeavam suntuosamente vestidos, os mais altos dignitários do poder religioso! Quantas vezes reduziu-os ao silêncio com sua inapelável dialética, opondo-se aos seus ardis mais sutis!

E quantas vezes também os atemorizara com suas palavras, que pareciam vindas do Céu, como o raio: "Em três dias derrubarei o templo e em três dias o reconstruirei!"

Amiúde encarava-os e alguns de seus epítetos cravavam-se em suas carnes como arpões: "Hipócritas! Raça de víboras! Sepulcros caiados!" E quando, furiosos, tentaram prendê-lo no próprio templo, Jesus, ante várias tentativas, apelou ao mesmo meio que empregará mais tarde Apolônio de Tiana, ante o tribunal do imperador Domiciano.

Cercou-se de invisível véu e desapareceu diante de seus olhos. "E passou entre eles sem ser visto", dizem os Evangelhos.

Tudo achava-se preparado na grande Sinagoga para julgar o perigoso profeta que ameaçou destruir o templo e que se chamava de Messias. Do ponto de vista da lei judaica, ambas as ofensas eram suficientes para condená-lo à morte.

Caifás disse em pleno sinédrio[34]: "É necessário que um só homem pereça por todo o povo de Israel." E quando o Céu fala pela boca do inferno, a catástrofe é iminente.

A conjunção de astros sob o signo da Virgem assinalou a fatídica hora tanto no quadrante do Céu como no quadrante da história e projetou seu negro dardo na alma solar de Cristo.

Reuniu seus apóstolos na costumeira e retirada paragem, uma cova do monte das Oliveiras e anunciou-lhes sua morte próxima.

Consternados, não o compreendem naquele momento. É dia de Páscoa. Jesus providencia a ceia de despedida em uma morada de Jerusalém.

---

34 *Assembleia de 23 juízes que a Lei judaica ordena existir em cada cidade (N.T.).*

E aqui estão os doze apóstolos sentados na sala, em forma de abóbada, enquanto anoitecia. Sobre a mesa, fumegava o cordeiro pascal, que para os judeus celebra a saída do Egito e que será o símbolo da suprema vítima.

Através das janelas arcadas, desenham-se a obscura silueta da cidade de Davi, a cintilante cobertura de ouro do templo de Herodes, a sinistra fortaleza Antônia, onde impera a lança romana, sob a pálida luz do crepúsculo.

Há um triste silêncio no ambiente, uma atmosfera esmagadora e avermelhada. João, que vê e pressente mais que os outros, pergunta-se por que, na penumbra crescente, aparece em torno da cabeça de Cristo um halo suave, do qual emanam raios furtivos, que imediatamente se apagam, como se a profundidade da alma de Jesus tremesse diante de sua última resolução.

E, em silêncio, o discípulo amado inclina sua cabeça sobre o coração do Mestre. Por fim, rompe o silêncio: "Em verdade vos digo que um de vós me trairá esta noite."

Com grave murmúrio, os doze acolhem a palavra, semelhante ao alarme de naufrágio em uma embarcação em perigo.

"Quem? Quem?" e Jesus, assinalando Judas, que aperta sua bolsa, convulsivamente complementa sem cólera: "Vai e faz o que deves." E vendo-se desmascarado, sai o traidor com intensa ira.

Então Jesus, repartindo o pão e apresentando a taça, pronuncia solenemente as palavras que consagram sua missão e que repercutem através dos séculos: "Tomai... este é o meu corpo. Bebei... este é o meu sangue.

Os apóstolos, sobressaltados, não o compreendem. Só Cristo sabe que, naquele momento, executa o supremo ato de sua vida.

Por meio de suas palavras, inscritas no Invisível, oferece-se à humanidade, sacrifica-se com antecedência. Momentos antes, o Filho de Deus, o Verbo, mais livre que todos os Elohim, poderia ter desistido, refutando o sangrento holocausto.

Agora já não pode. As potestades receberam seu juramento. E, como uma auréola imensa, os Elohim sentem que ascende até eles a divina contraparte de Jesus Cristo, sua alma solar, com todos seus poderes.

E retém-na em seu circulo atento, fulgurante prova de divino sacrifício que não devolverão até depois de sua morte. Sobre a terra, não permanece mais que o Filho do Homem, vítima que avança até o suplício.

Mas somente Ele conhece também o significado do "corpo e o sangue de Cristo".

Vagamente, os Tronos ofereceram seu corpo para a criação da nebulosa. Sopraram os Arqueus[35] e, na noite soturna, apareceu o Sol. Deram os Arcanjos sua alma de fogo para criar os Anjos, protótipos

---
35 Representação do Princípio Vital (N.T.).

do Homem. E, por último, daria Cristo seu corpo para salvar a humanidade. De seu sangue, deveria surgir a fraternidade humana, a regeneração da espécie, a ressurreição da alma...

E enquanto oferece a seus discípulos o cálice em que cintilava vermelho o áspero vinho judeu... Jesus pensa novamente em sua visão celeste, seu sono cósmico anterior a sua encarnação, quando respirava na zona solar, quando os doze grandes profetas ofereceram a ele, o décimo terceiro, o amargo cálice... que aceitou.

Mas os apóstolos, exceto João, que percebe o inefável, não podem compreendê-lo. Pressentem que algo terrível se aproxima e tremem, e empalidecem.

A incerteza, a dúvida, mãe do pavor covarde, os sobressalta.

Quando Cristo se levanta e diz: "Vamos orar no Getsêmani", os discípulos seguem-no, de dois em dois. E o triste cortejo sai pela profunda passagem da porta de ouro, descendo pelo sinistro vale de Hinom, cemitério judeu e o vale da Sombra Mortal.

Atravessam a ponte de Cedron e ocultam-se na cova do monte das Oliveiras.

Os apóstolos permanecem mudos, impotentes, aterrados. Sob as velhas árvores do monte, retorcidas giestas[36] de folhagem espessa, o círculo infernal es-

---

36 *A giesta (Cytisus striatus) é uma planta arbustiva de 1 a 3 metros de altura, com ramos abundantes, estriados e flexíveis (N.T.).*

treita-se sobre o Filho do Homem para oprimi-lo com sua mortal argola.

Dormem os apóstolos. Jesus ora e sua fronte cobre-se de um suor de sangue. Era necessário que sofresse a angústia sufocante, que bebesse até as borras do cálice, que saboreasse a amargura do abandono e do desespero humano.

Por fim, brilharam armas e tochas sob as árvores. E aparece Judas com os soldados e, acercando-se de Jesus, dá-lhe o beijo da traição.

Há em verdade uma doçura infinita na resposta do Cristo: "Meu amigo, para que vieste?" Esmagadora doçura que arrastará o traidor para o suicídio, apesar da escuridão de sua alma.

Transcorrido este ato de amor perfeito, Jesus permaneceu impassível até o fim. Achava-se blindado contra todas as torturas.

Ei-lo ante o sumo sacerdote, Caifás, tipo do saduceu empedernido e de orgulho sacerdotal necessitado de fé.

Jesus confessa ser o Messias e o pontífice rasga suas vestes, condenando-o à morte.

Pilatos, pretor de Roma, tenta salvar o Galileu, acreditando ser um inofensivo visionário, porque este pretenso "rei dos judeus" que se chama "filho de Deus" completa que "seu reino não é deste mundo".

Mas os sacerdotes judeus, evocando a sombra ciumenta de César e a turba uivando: "Crucificai-o", decide o procônsul, após lavar as mãos por tal crime, entregar o Messias nas mãos dos brutais legionários romanos.

Revestem-no com o manto de púrpura, cingindo sua fronte com uma coroa de espinhos e colocam uma vara em suas mãos, como irrisório cetro. Chovem sobre ele golpes e insultos.

Evidenciando seu desprezo para com os judeus, exclama Pilatos: "Eis o vosso rei." E complementa com amarga ironia: "Ecce Homo![37]", como se toda a abjeção e a miséria humana se condensassem no profeta flagelado. A claudicante antiguidade e mesmo os estoicos[38] não compreenderam o Cristo da Paixão melhor que Pilatos.

Não viram mais que o exterior depressivo, sua aparente inércia, que lhes acirrava a indignação...

Todos os acontecimentos da vida de Jesus possuem uma transcendência simbólica, um significado místico que influi em toda a humanidade futura.

A Via Crucis, evocada em imagens astrais pelos santos da Idade Média, convertera-se, para, eles em instrumentos de iniciação e aperfeiçoamento.

---

37 *"Eis o Homem!" (latim) (N.T.).*
38 *Aqueles que revelam fortaleza de ânimo e austeridade. Impassível, imperturbável, insensível (N.T.).*

Os irmãos de São João, os templários e os cruzados, que conceberam a conquista de Jerusalém para fazer dela capital do mundo, os mistérios rosacrucianistas do século XIV, que prepararam a reconciliação da ciência com a fé, do Oriente com o Ocidente por meio de uma grande sabedoria, todos esses homens consagrados à atividade espiritual no mais amplo sentido da palavra encontrariam na Paixão de Cristo uma inesgotável fonte de poder.

Ao completar a Flagelação, a imagem do Cristo moribundo dizia-lhes: "Aprende comigo a permanecer impassível sob os flagelos do destino, resistindo a todas as dores, e adquirirás a compreensão da dor, sentimento da unidade com todos os seres, por que, se consenti em sacrificar-me por todos os homens, foi para apropriar-me do mais profundo de suas almas".

A Coroa de espinhos fez com que pendessem a desafiar moral e intelectualmente o mundo, aguentando o desprezo e o ataque contra aquilo que mais prezavam, dizendo-lhes: "Suporta valentemente os golpes quando todos se voltam contra ti. Aprende a afirmar contra a negação do mundo. Somente assim te converterás em ti mesmo".

A passagem da Cruz nas costas sugeriria a eles uma nova virtude dizendo: "Esforça-te em sustentar o mundo sobre tua consciência, como consentiu Cristo em levar a Cruz para identificar-se com a terra. Aprende a sustentar o corpo como algo externo. É necessário que o corpo se sujeite ao espírito, como a mão sujeita o martelo".

Portanto, o Mistério da Paixão não foi de maneira alguma para o Ocidente e para os povos setentrionais um motivo de passividade, mas sim uma renovação de energia por meio do Amor e do Sacrifício.

O episódio do Gólgota é o último momento da vida de Cristo, o selo que lacra sua missão e, portanto, o mais profundo Mistério do cristianismo. Sobre isso, Goethe disse: "O supremo Mistério da dor é algo tão sagrado que mostrar sua imagem aos olhos da multidão pode parecer sacrílega profanação".

"Para que a lúgubre cena da crucificação?", perguntavam-se os pagãos dos primeiros séculos. "A salvação do mundo surgirá deste cruel sacrifício? E muitos pensadores modernos repetiram: a morte de um justo basta para salvar a humanidade? Neste caso, Deus é um verdugo, e o universo, um instrumento de tortura!

Rudolf Steiner deu a resposta mais filosófica a tão grave problema: "É necessário evidenciar aos olhos do mundo que o espiritual sempre venceu o material. A cena do Gólgota não é nada mais que uma Iniciação transportada ao plano da história universal. Das gotas de sangue derramadas na cruz, emana uma torrente de vida para o espírito.

O sangue é a substantificação do ego. Com o sangue derramado no Gólgota, o amor de Cristo penetraria no egoísmo humano, como vivificante fluido". Lentamente, a cruz é erguida sobre a sinistra colina que domina Sião.

Na vítima ensanguentada que estremece e pulsa sob o infame suplício, respira uma alma sobre-humana. Mas Cristo entregou seus poderes aos Elohim e sente-se como solto de sua aura solar, na horrível solidão, na parte mais funda de um abismo de trevas, onde gritam os soldados e vociferam os inimigos.

Escura nuvem pesa sobre Jerusalém. A atmosfera terrena é somente um prisma da vida universal. Seus fluidos, ventos, espíritos elementais às vezes alimentam-se das paixões humanas, enquanto respondem aos impulsos cósmicos por meio de suas tempestades e convulsões. E chegaram a Jesus as horas de agonia, definitivas como eternidades. Apesar do sofrimento do suplício, continua sendo o Messias. Perdoa seus verdugos, consola o ladrão que mantém a fé.

Perto da hora fatal, Jesus sente a abrasadora sede dos condenados à morte, presságio da libertação.

Mas, antes de esvaziar seu cálice, deveria experimentar esse sentimento de solidão, que o obrigaria a exclamar: "Pai, por que me abandonaste?", seguido da frase suprema: "Tudo terminou", que imprime o selo do Eterno sobre os séculos suspensos.

Uma última exclamação brota do peito do crucificado, com estridências de clarim ou ao rompimento das cordas de uma harpa. Aquele grito foi tão terrível e poderoso que os legionários romanos tomaram distância e gaguejaram: "Seria mesmo o Filho de Deus?". Cristo morreu e, sem dúvida, Cristo está vivo, mais vivo que nunca! Aos olhos dos homens, não resta nada além de um cadáver suspenso sob um céu mais escuro que o averno[39].

Mas nos mundos astral e espiritual, brilha um jorro de luz, seguido pelo retumbar de um trovão com mil ecos. De uma só vez, a alma de Cristo refunde-se na sua aura solar, seguida por oceanos de almas e saudada pelo hosana das regiões celestes.

Desde então até agora, os videntes do além e os Elohim sabem que a vitória foi conquistada, que a lança da morte se desfez, que a lápide que cobre as sepulturas se trincou, e viram-se as almas flutuar sobre seus alvos esqueletos. Com os poderes centuplicados por seu sacrifício, Cristo reintegrou-se a seu reino.

E com impulso renovado, encontra-se pronto a penetrar no coração do Infinito, chamado por seu Pai, no borbulhante centro de luz, de amor e de beleza. Mas sua compaixão o atrai à Terra, da qual se tornou senhor pelo martírio.

Uma bruma sinistra e um melancólico silêncio continuam envolvendo Jerusalém. As mulheres santas choram sobre o cadáver do Mestre; José de Arimateia dá-lhe sepultura. Os apóstolos escondem-se nas cavernas do vale de Hinom, desesperançados, já que o Mestre se foi.

---

39 *Do lat. Avernus, cratera próxima a Cuma, na região italiana da Campânia. A mitologia romana via nesse acidente geográfico uma das entradas para o submundo.*

Aparentemente, nada mudou no opaco mundo material. E, sem dúvida, um acontecimento singular ocorreu no templo de Herodes.

No exato momento em que Jesus expirava, o esplêndido véu de linho, de jacinto e púrpura tingido, que cobria o tabernáculo, despencou.

Um levita que passava viu, no interior do santuário, a arca de ouro circundada de querubins de ouro maciço com suas asas esticadas em direção à abóboda, e aconteceu algo inédito, porque olhos profanos puderam contemplar o mistério do santo dos santos onde mesmo o sumo sacerdote podia entrar apenas uma vez no ano.

Os sacerdotes expulsaram a multidão, temerosos de que a massa houvesse presenciado o sacrilégio.

O significado do ocorrido: a imagem do Querubim que tem corpo de leão, asas de água e cabeça de anjo é similar à da Esfinge e simboliza a evolução completa da alma humana, sua descida na carne e seu retorno ao Espírito. Cristo fez com que o véu do santuário despencasse, resolvendo o enigma da Esfinge.

Daí por diante, o Mistério da vida e da evolução está ao alcance para quem ousar e quiser.

E para explicar a missão realizada pelo espírito de Cristo, enquanto seus mais chegados guardavam suas exéquias, devemos recorrer mais uma vez ao ato principal da iniciação egípcia.

O iniciado ficava três dias e três noites imerso em letárgico sono no interior de um sarcófago, sob a vigilância do hierofante. Durante esse tempo e de acordo com seu grau de desenvolvimento, fazia sua viagem pelo outro mundo.

Segundo a linguagem daqueles tempos, era como se tivesse ressuscitado e nascido duas vezes, por que, ao despertar, lembrava-se de sua estada anterior no reino dos mortos.

Cristo também realizou sua viagem cósmica enquanto estava no sepulcro, antes de sua ressurreição espiritual frente aos olhos dos seus.

Há nisso um paralelismo entre a Iniciação antiga e os modernos Mistérios que Cristo trouxe ao mundo. Paralelismo ainda que com maior alcance, porque a viagem astral de um Deus que atravessa a prova da morte física deveria necessariamente pertencer a uma índole distinta, de maior alcance que o tímido vagar de um simples mortal pelo reino dos mortos na barca de Ísis[40]. Duas correntes psicofluidas envolvem o globo terrestre com múltiplos anéis, como serpentes elétricas em movimento perpétuo. Moisés chama uma de Horeb e Orfeu chama-a de Érebo.

Poderia chamar-se ainda força centrípeta, porque tem seu centro no interior da Terra e a ela conduz tudo o que se precipita no seu fluxo torrencial. É o abismo das gerações, do desejo e da morte; a esfera

---

[40] Esta barca era, na verdade, o corpo etéreo do iniciado, que o hierofante separava do corpo. (N. do A.)

de experimentação chamada também de purgatório pelas religiões. Arrasta em seus remansos e torvelinhos todas as almas sujeitas às paixões terrenas.

Moisés chama a outra corrente de Yona e poderíamos defini-la como força centrífuga, porque nela subjaz a potencialidade de expansão como na outra corrente está presente a potencialidade de contração e acham-se relacionada com todo o Cosmos; por ela as almas alcançam o sol e o céu e, por sua mediação, também se alcançam as divinas influências.

Por ela desceu Cristo sob o símbolo da Pomba.

Se os iniciados com uma alma altamente evoluída para a viagem cósmica tivessem sabido a tempo alcançar a corrente Yona após a morte, a imensa multidão de almas escurecidas pelos vapores da carne dificilmente voltariam sem abandonar de uma encarnação a outra a região de Horeb.

O trânsito de Cristo pelos limbos crepusculares abriu uma brecha, perdurando em círculos luminosos franqueando novamente as rotas celestes às almas perdidas, como as do segundo círculo do Inferno de Dante. A luz da missão de Cristo iluminaria o caminho, ampliando os limites da vida após a morte, como ampliou e iluminou a vida sobre a Terra. Mas o principal de sua missão consiste em levar a certeza da ressurreição espiritual ao coração dos apóstolos, que deveriam divulgar seu pensamento pelo mundo. Depois de ressuscitar por si mesmo, deveria ressuscitar neles e por eles, para que esse feito pairasse sobre toda a história futura. A ressurreição de Cristo deveria ser a prova da ressurreição das almas, seja desta vida como de sua fé na outra vida.

Por isso não bastava que Cristo se manifestasse aos seus em visão astral durante o sono profundo. Era necessário mostrar-se durante a vigília, no plano físico, e que a ressurreição tivesse para eles, em certo aspecto, uma aparência material.

Tal fenômeno, ainda que difícil para outros, Cristo poderia facilmente realizá-lo, porque o corpo etéreo dos grandes Adeptos - e o de Cristo deveria possuir uma vitalidade particularmente sutil e imensa - conserva-se durante muito tempo de sua morte, perdurando na matéria algo de sua influência: basta que o espírito a anime para fazê-la visível em determinadas condições.

A fé na ressurreição não nasceu bruscamente nos apóstolos, mas deve ter se insinuado neles, como uma voz que persuade pela cadência do coração, como um sopro de vida que se comunica. Assenhora-se da alma como surge lentamente o dia da noite profunda.

Essa é a aurora que resplandece sobre a cinzenta Palestina. As aparições de Cristo fazem-se de quando em quando para surtir efeitos crescentes. Inicialmente sutis e fugidias como sombras, logo aumentam em emanação e força. Mas como o corpo de Jesus desapareceu? Consumiu-o o Fogo Original alentado pelas

Potestades como o de Zoroastro, de Moisés e Elias, e por tal a terra tremeu e a guarda foi derrubada, como descreve o Evangelista?

Ou tão sutil e espiritualizado ao ponto de livrar-se de toda partícula material que se fundiu nos elementos, como um perfume na água, como bálsamo no ar? Seja o que tenha sido, através de maravilhosa alquimia, diluiu-se na atmosfera sua extraordinária quintessência.

Mas eis Maria Madalena, portadora de essência, que vê no sepulcro vazio "dois anjos de face radiante e vestes níveas". Assustada, volta-se e encontra um personagem que não reconhece, mas cuja voz pronuncia seu nome: "Maria...". Comovida até o âmago, reconhece o Mestre e joga-se a seus pés para tocar a ponta de sua túnica.

Mas Ele, como se temesse o contato excessivamente material de quem "tirara sete demônios", disse: "Não me toques... Vai e diz aos apóstolos que ressuscitei!".

O Salvador fala à mulher apaixonada, à pecadora convertida em fervorosa seguidora do Senhor. Com uma palavra, verte o bálsamo do Amor eterno até o fundo do seu coração, porque sabe que pela Mulher alcançará a alma da humanidade. Quando Jesus aparece em segredo aos onze, reunidos em uma casa de Jerusalém, e cita-os na Galileia, o Mestre reúne seu rebanho eleito para a obra do futuro. No impressionante crepúsculo de Emaús, o divino curador de almas acende novamente a fé no ardente coração dos discípulos aflitos.

Nas praias do lago de Tiberíades, aparece para Pedro e João, preparando-os para a difícil missão. E quando finalmente mostra-se aos seus pela última vez, sobre a montanha da Galileia, diz-lhes estas palavras supremas: "Ide e pregai o Evangelho por toda parte... Eu estarei convosco até o fim do mundo!" É a despedida solene do Mestre e o testamento do Rei dos Arcanjos solares.

Assim, o místico acontecimento da ressurreição, que deveria nascer entre os apóstolos como tímida aurora, intensifica-se e ilumina, arrematando com um glorioso poente que consolida seu pensamento eterno, envolvendo-o em sua suntuosa e profética púrpura. Certa vez, anos mais tarde, Cristo apareceu de maneira excepcional a Paulo, seu adversário, no caminho de Damasco, para convertê-lo em seu mais fervoroso defensor. Se as aparições precedentes de Cristo encontram-se como que revestidas por uma nuvem de sonho, esta última tem um caráter histórico incontestável. Mais insólita que as outras, possui uma emanação vitoriosa. Porém, a quantidade de força aplicada equipara-se ao resultado buscado. Porque desta visão fulminante sairia a missão do apóstolo dos gentios, que converteria a humanidade grecolatina à cristandade e, por ela, todo o Ocidente. Como astro radiante, promessa de um mundo venturo, paira sobre a densa bruma do horizonte, assim como a ressurreição espiritual paira sobre toda obra de Cristo. São necessárias sua conclusão e sua consequência.

Nem o ódio, nem a dúvida ou tampouco o mal foram desterrados. Não devem desaparecer, porque funcionam como fermento para a evolução. Porém, mais adiante, nada poderá tirar do coração do homem a Esperança imortal. Por cima de fracassos e mortes, um coro eterno cantará através dos tempos:

"Cristo ressuscitou! Abriram-se os caminhos da terra e do céu!"